Norbert Friedrich
Der Kaiserswerther

Theodor Fliedner
1800–1864

Norbert Friedrich

Der Kaiserswerther

Wie Theodor Fliedner Frauen einen Beruf gab

Herausgegeben von Uwe Birnstein
in der Reihe „wichern porträts"

Wichern-Verlag

 Norbert Friedrich, Dr. phil., Historiker und Theologe, geboren 1962, leitet seit 2002 die Fliedner-Kulturstiftung Kaiserswerth. Seine Forschungsschwerpunkte sind die Diakonie- und Sozialgeschichte des 19. und 20. Jahrhunderts. Er veröffentlichte unter anderem eine Biografie des christlich-sozialen Politikers Reinhard Mumm sowie (mit Prof. Dr. Traugott Jähnichen) eine Geschichte der sozialen Ideen im deutschen Protestantismus.

Zitate von Theodor Fliedner sind kursiv gesetzt.

© Wichern Verlag GmbH, Berlin 2010
Umschlag: Glutrot GmbH, Berlin
Satz: NagelSatz, Reutlingen
Druck und Bindung: Elbe Druckerei Wittenberg GmbH
ISBN 978-3-88981-297-1

Inhalt

Kaiserswerther Erzählungen
– 7 –

Die Ankunft
– 9 –

Die Reisen
– 24 –

Ein streitbarer Mann der Kirche
– 37 –

Die Sorge für die Gefangenen
– 42 –

Der Ehemann
– 49 –

Der Anfang der Kaiserswerther Liebesarbeit
– 57 –

Der Diakonissenvater
– 65 –

Ordnung und Unordnung
– 76 –

Caroline Fliedner – die „zweite" Mutter
– 90 –

Expansion der Arbeit
– 95 –

Krankheit, Ordnung des Erbes und Tod
– 108 –

Fazit
– 113 –

Lebensdaten
– 116 –

Bibliografie
– 117 –

Bildnachweis
– 119 –

Zitate
– 119 –

Kaiserswerther Erzählungen

Wer sich heute mit historischen Persönlichkeiten beschäftigt, geht gerne ins Internet. Die einfache Suche nach Theodor Fliedner ergibt bei einer normalen Suchmaschine knapp 50 000 Einträge, Bilder, Texte, Biogramme, aber auch Straßennamen und Namen von Einrichtungen (Altenheime, Krankenhäuser oder Behinderteneinrichtungen) stehen dahinter.

Der Name des rheinischen Pfarrers scheint nicht unbekannt zu sein, wie auch zufällige Umfragen nicht nur im kirchennahen Milieu zeigen. Versatzstücke werden dann zu einem vermeintlich vollständigen Bild zusammengesetzt. Da ist der Pfarrer, der sich für seine verarmte Gemeinde einsetzte, da ist der Diakonissenvater, der treu und streng die jungen evangelischen Frauen erzieht und prägt, da ist der geniale Geldsammler, dem es gelingt, trotz widrigster Umstände diakonische Projekte zu finanzieren, da ist der Mann, der seine Frauen außerordentlich forderte, der sein Lebensprojekt immer über seine privaten Interessen stellte.

Und wie es so ist, manches stimmt, manches nicht; manches ist übertrieben, manches kann in einem anderen Zusammenhang erklärt werden. Unterschiedliche Erinnerungen machen uns heute aber auch deutlich, wie schwer es oft ist, Menschen in ihrer Vielgestaltigkeit zu erfassen, scheinbare oder tatsächliche Widersprüche auszuhalten. Dies macht auch das Leben Theodor Fliedners aus.

Denn einerseits verlief es äußerlich geradlinig und konsequent, echte Brüche und Einschnitte lassen sich nur sehr bedingt feststellen, Höhen und Tiefen gleichwohl. Gleiches gilt auch für seine beiden Ehefrauen, deren Leben genau wie seines von einer Abwendung vom Rationalismus und einer ausgeprägten Nähe zur Erweckungsbewegung bestimmt war. Andererseits ist es ein ausgesprochen aufregendes und vielgestaltiges Leben, Kontinente und Länder umgreifend, Theologie, Politik, Medizin und Pflege und Kultur umfassend.

Dieses Buch ist auch das Ergebnis langjähriger beruflicher Beschäftigung mit Theodor Fliedner und der Mutterhausdiakonie. Es ist möglich geworden, da sich die Verantwortlichen in der Kaiserswerther Diakonie und beim Kaiserswerther Verband der Verantwortung der Tradition stellen und diese für die heutigen Herausforderungen in Kirche und Diakonie fruchtbar machen wollen. Zu danken ist besonders der Kaiserswerther Diakonie und Pfarrer Matthias Dargel, die den Druck dieses Buches im Kontext des 175-jährigen Bestehens der Einrichtung möglich machen. Die Mitarbeiterinnen und Mitarbeiter der Fliedner-Kulturstiftung halfen bei der Beschaffung des Materials und federten manche Anfrage vom Chef ab. Ein besonderer Dank geht an Schwester Ruth Felgentreff, die immer eine sehr gute Gesprächspartnerin ist, sowie an Pfarrer Martin Wolff, der aus seiner langjährigen Erfahrung in der Diakonie heraus manche wertvolle Anregung gab.

Düsseldorf/Hagen im Juni 2010

Norbert Friedrich

Die Ankunft

Starke Bilder bestimmen das Leben von Theodor Fliedner! Wer sich mit dessen Leben beschäftigt, stößt immer wieder auf sehr plastische und bleibende. Manche sind – folgt man

den Berichten – Abbilder der Realität; manche sind auch der geschickten Werbestrategie des 19. Jahrhunderts geschuldet. Fliedner selbst, der ordnungsliebende Theologe, der strenge Pfarrer, konnte auch stark in Metaphern denken. Ein solches Bild bestimmt auch seine Ankunft in Kaiserswerth. Da steigt ein junger Mann aus einem kleinen Boot, begleitet von den Geschwistern, empfangen offensichtlich von Gemeindegliedern.

Ein Bild, das etwas von Eroberung, von Entdeckung eines unbekannten Gebietes hat und auch etwas von Inbesitznahme. Der Theodor Fliedner, der hier Anfang Mai

1822 mit drei Geschwistern an Land geht, ist allerdings bereits seit Januar Pfarrer in Kaiserswerth. Und doch setzt diese Ankunft mit der Schwester Catharine (genannt Käthchen) und den zwei jüngeren Brüdern, für die zu sorgen war, ein Zeichen der Hoffnung für die Gemeinde. Denn es zieht Leben in das Pfarrhaus ein: die Schwester als Haushälterin sorgt für Stabilität und wohl auch für Ordnung. Fliedner selbst berichtet der Mutter: *Durch ihre (d.i. Käthchen) Hülfe leben wir denn so einfach, so sparsam und begnügsam, daß wir uns selbst manchmal darüber wundern, aber nur desto fröhlicher wird dadurch unser Leben, weil wir einsehen, wie der Mensch so wenig bedarf, und weil wir dadurch die irdischen Genüsse immer besser in ihrem geringen Werte schätzen lernen, was uns armen Menschen so schwer, aber auch solcher Gewinn ist.*

Das bewohnte Pfarrhaus dürfte damals als Bekenntnis des jungen Pfarrers zur Existenz der Kirchengemeinde verstanden worden sein; denn diese stand vor großen Herausforderungen und Problemen. Die noch junge Diasporagemeinde hatte praktisch von Beginn an große Schwierigkeiten. Nachdem sich seit 1772 Protestanten in Kaiserswerth ansiedeln durften, begünstigt durch die kurpfälzische Herrschaft, hatten sich eine lutherische (1777) und eine reformierte (1778) Gemeinde gebildet. Die Gemeindeglieder arbeiteten bei evangelischen Textilfabrikanten am Ort. Die sehr schmale finanzielle Basis, gesichert durch Zuschüsse und die Gaben der Gemeindeglieder, reichte bei weitem nicht aus, ein ausreichendes Pfarrgehalt zu zahlen. Der Bau eines Pfarrhauses, einer Schule sowie einer Kirche der reformierten Gemeinde, die zwischen 1807 und 1811 entstand, erwies sich als große Belastung, gerade in der durch die Kontinentalsperre und die Befreiungskriege verursachten wirtschaftliche Not. Um aus der Notlage zu kommen, hatten sich die reformierte und die lutherische

Gemeinde zur „Vereinigten evangelischen Gemeinde Kaiserswerth" zusammengetan. Übrigens war das eine Union, gegründet auf Pragmatismus und finanzieller Not, noch bevor der preußische König am Reformationstag 1817 seinen berühmten und wirkmächtigen Unionsaufruf veröffentlicht hatte.

Nun konnte man sich einen Pfarrer leisten. Dieser bekam freilich das äußerst bescheidene Gehalt von 250 bergischen Talern. Da man davon kaum eine Familie ernähren konnte und dieses Gehalt auch nicht langfristig gesichert war, verließen zwei junge Amtsinhaber jeweils nach kurzer Zeit wieder die Gemeinde auf bessere Stellen. Man konnte es ihnen kaum verdenken. Und als 1821 wieder einmal eine Besetzung der Pfarrstelle anstand und die kleine Gemeinde trotz aller Probleme auch darauf bestand, diese wieder zu besetzen, wurde ein junger Pfarrer ins Gespräch gebracht: Theodor Fliedner, der zu diesem Zeitpunkt Hauslehrer in Köln war. Der Düsseldorfer Konsistorialrat Carl Ludwig Pithan (1765–1832) sowie der Kölner Superintendent Johann Gottlob Krafft (1789–1830) empfahlen Fliedner Kaiserswerth. Dieser wurde dort, nach einer Probepredigt im September, Anfang November gewählt; „fast einhellig", wie es im Protokoll heißt.

Fliedner nimmt die Wahl an, obwohl er zu dieser Zeit auch noch andere Optionen hat und mit dem Lehrerberuf liebäugelt. In einem Brief gibt er seiner neuen und ersten Gemeinde einen kleinen Einblick in sein Seelenleben: *Wiewohl ich nun gleich meine Schwachheit in Hinsicht der Führung eines so wichtigen Amtes innig fühle, so habe ich mich doch entschlossen, diesen so ehrenvollen Ruf anzunehmen im Vertrauen auf die Hülfe des Herrn, der ja in den Schwachen mächtig sein will, und in der Hoffnung, daß ich dadurch Gelegenheit erhalte, das von der verehrten Gemeinde bewiesene Zutrauen mir zu verdienen.* Dankbarkeit, Pflichtbewusstsein, das Ringen mit einem persönlichen Gott, aber auch die Parteinahme für die Schwachen, alle diese Momente werden uns im weiteren Leben Fliedners immer wieder begegnen.

Woher kam aber der junge Pfarrer, der nach Bestätigung seiner Wahl am 18. Januar 1822 endlich zu Fuß in Kaiserswerth eintrifft? Blenden wir zurück:

Geboren wird Georg Heinrich Theodor Fliedner am 21. Januar 1800 in Eppstein im Taunus als Sohn des dortigen lutherischen Pfarrers Christoph Jacob Ludwig Fliedner (1764–1813) und seiner Frau Henriette Caroline (1777–1848). Seit fünf Jahren war der Vater dort Pfarrer, „kein leichtes Amt", wie der Fliedner-Biograf Martin Gerhardt schreibt; es war nicht gut aber immerhin ausreichend dotiert. Prägend für die Arbeit des Vaters waren sicherlich die durch die territorialen Herrschaftsverhältnisse bedingten Kontakte und Konflikte mit der katholischen Kirche. So musste der Vater etwa die Versuche, aus der evangelischen Kirche eine Simultankirche zu machen, erfolgreich abwehren; konfessionelle Streitigkeiten und Konflikte werden später auch dem Sohn nicht erspart bleiben. Der Vater hatte offensichtlich die Begabung, volkstümlich zu schreiben; so stammen eine ganze Reihe von Artikeln und kleineren Büchern aus seiner Feder – auch hier folgt der Sohn dem Vater.

Theodor Fliedner wächst zunächst in ruhigen und geborgenen Verhältnissen auf, gemeinsam mit seinen elf Geschwistern; eines aus der ersten Ehe des Vaters, die anderen Geschwister werden zwischen 1796 und 1813 geboren. Er selbst hat noch zwei ältere Geschwister, einen Bruder und eine Schwester. Früh schon wird seine intellektuelle Begabung deutlich, stark gefördert durch die Mutter, deren Augapfel er ist. Schnell lernt er lesen, mit sieben Jahren beginnt der Lateinunterricht beim Vater, ein Jahr später folgen das Griechische und weitere Fächer; die Mutter unterstützt den Sohn, der wiederum ein nicht spannungsfreies Verhältnis zum Vater hat, welcher einerseits seine intellektuellen Interessen fördert, ihm andererseits aber die gewünschte emotionale Anerkennung versagt. Eines übernimmt der Sohn freilich gerne und intensiv vom Vater: die Liebe zur Natur. Seine Naturverbundenheit und seine Liebe zu Spiel und Spaß in der Natur betont er häufig; sicher auch um zu belegen, dass seine Interessen von Kindheit an nicht allein auf Intellektualität und Glaube beschränkt sind. Auch die Freude am Wandern übernimmt er vom Vater. Solange er gesund ist, bestimmen immer wieder Wanderungen und Reisen sein Leben.

Insgesamt wird der Vater zu seinem Vorbild. Gerade dessen gesellschaftliches Engagement wird dem Sohn wichtig. In einem autobiografischen Artikel schreibt er später: *So war mein sehnlichster Wunsch, auch einmal ein gemeinnütziger Mann zu werden, und ich verlangte daher von früh auf, Pfarrer zu werden.* Dabei bleibt zu bemerken, dass der Sohn unter der „Gemeinnützlichkeit" letztlich etwas anderes versteht als der Vater.

Sein Vater war ganz geprägt vom herrschenden theologischen Rationalismus, der im Kern zum Ziel hatte, mit Vernunft die Offenbarung zu erklären und zu verstehen. Die Kritik an dieser Theologie, von der sich der Sohn nach dem Studium mehr und mehr befreit, fasste Georg Fliedner, Theodors Sohn, in der Biografie seines Vaters zusammen, als er über den Großvater schrieb: „Das beste konnte der Vater den Seinen nicht als Erbteil hinterlassen, weil er es selbst nicht besaß, den kindlichen Glauben an das Heil in Christo Jesu. Er war ein Kind seiner Zeit, die sich für alles menschlich Edle begeisterte, aber in der ersten Reihe dem irdischen zugewandt war. Die himmlischen Dinge standen ihr vielfach hoch, verschwanden ihr aber in nebelhafter Ferne."

Die insgesamt unbeschwerte und glückliche Kindheit endet abrupt im Jahr 1813. Die Befreiungskriege bringen Not und Besatzung nach Eppstein, die französische Armee besetzt das Pfarrhaus, in Eppstein selbst bricht eine Typhusepidemie aus und am 9. Dezember stirbt auch noch Theodors jüngste Schwester, nur 14 Tage alt. Bei einem Krankenbesuch (mit Abendmahl) steckt sich auch der Vater an Typhus an, wenige Tage später, am 22. Dezember 1813 stirbt Ludwig Fliedner, „nachdem er sein Leben auf beinahe 50 Jahre gebracht und 5 Jahre lang als Landpastor, 18 Jahre als hiesiger Seelsorger sich um seine Mitmenschen sehr verdient gemacht hat", wie es in Eppstein hieß.

Der Tod des Vaters ist ein tiefer Einschnitt, nicht nur für den dreizehnjährigen Theodor. Die Bindung an die Mutter bleibt, wird vielleicht noch tiefer; der Vater behält als Vorbild und auch als Gegenmodell für Fliedner eine wichtige Rolle. Theodor hat ihn bewundert und immer um Anerkennung gekämpft. Unmittelbarer ist die große materielle Not, die über die Familie kommt. Nur durch die Unterstützung von Freunden und Verwandten können Fliedners Mutter und die 11 Kinder weiter existieren. Auch dies ist übrigens ein Ergebnis der freundlichen und gewinnenden Art des Vaters, der ein Netzwerk von Freunden aufgebaut hatte. Aber auch der junge Theodor bemüht sich, in großem Maße, Verantwortung für die Familie zu übernehmen; durch Fleiß, Ausdauer und Bescheidenheit. Martin Gerhardt spricht auch von „Verantwortungsgefühl" und „Selbstverleugnung". Gemeinsam mit seinem älteren Bruder Ludwig kann er in Idstein das Gymnasium Augusteum besuchen – unterstützt durch einen Freund des Vaters, den Fabrikanten Peter Denninger. Fliedner ist ein sehr guter Schüler, wobei besonders seine Sprachbegabung auffällt, die schon der Vater gefördert hatte. Der erwachsene Theodor blickt dennoch nüchtern und kritisch auf seine Schulzeit zurück, nicht zuletzt, da sie ihm in religiöser Hinsicht als unfruchtbar erschien: *Ich kannte Gott in Christo nicht, und mein Lernen, mein Wissen war mein Gott. Ich besuchte die Kirche regelmäßig, wie es Gebot war; daß ich aber wenig daraus mitnahm, lag gewiß meist an mir. Doch war auch das Predigen mehr bloße Moral, nicht Evangelium.* Der Einfluss der Theologie des Vaters ist hier noch spürbar.

Theodor und sein Bruder Ludwig machen im Frühjahr 1817 Abitur und sofort geht es an die hessisch-darmstädtische Landesuniversität Gießen. Dort können die beiden, unterstützt von einem fein gesponnenen Netzwerk von Freitischen, Stipendien und freier Wohnung auch ohne Unterstützung der Mutter studieren. Folgt man Kollegmitschriften, hat das Studium keinen nachhaltigen Eindruck bei Theodor hinterlassen. Er lernt fleißig und zielstrebig, für sein weiteres Leben hat er aber wenig mitgenommen. Der Student Fliedner ist augenscheinlich ein zurückhaltender und nüchterner Zeitgenosse. Von einem ausschweifenden Studentenleben, wie es andere führen, wird nichts berichtet – sein Ziel ist es, schnell in den Beruf zu kommen. Auch mit den entstehenden Burschenschaften kommt Fliedner nur sporadisch in Kontakt; lediglich das Turnen und etwas Singen verbindet ihn mit der Bewegung. Hier, wie auch später, sind die Beschreibungen der Persönlichkeit Fliedners durchaus nicht eindeutig: Sportlich, dynamisch und kraftvoll einerseits, nachdenklich, sehr streng mit sich selbst und sich seiner Umgebung anpassend andererseits; ordnungsliebend und nach einem festen Rahmen strebend, aber auch offen und weltzugewandt, ein Leben mit Unsicherheiten und Spontaneitäten akzeptierend. Ein starkes Pflichtgefühl, aber sicher auch die Überzeugung, etwas Besonderes leisten zu können und auch, wie es Martin Gerhardt 1933 (!) durchaus anerkennend schreibt, ein „frühgereifter eiserner Wille" kommen hinzu. Gemäß den Aufzeichnungen Fliedners verordnet er sich in Gießen einen bis zu 19-stündigen Tagesplan für das Studium – Schlaf ist da die Ausnahme. Sprachstudien, theologische Studien aber auch die Auseinandersetzung mit Geschichte, Literatur und der Naturkunde bestimmen sein Leben in dieser Zeit. Wenn auch die Theologie damals offensichtlich keinen sehr tiefen Eindruck hinterlassen hat, so kann man seine Gießener Studien als eine Art Studium Generale bezeichnen. Sie waren insgesamt eine gute Vorbereitung für seine spätere Tätigkeit. Das Interesse an allgemeinen Fragen behält Fliedner immer bei; günstig für den Spendensammler, Erzieher und Gesellschaftsreformer.

Von Gießen aus geht es nach zwei Semestern im Herbst 1818 nach Göttingen an die dortige Universität; wiederum unterstützt von Stipendien und Freitischen. Göttingen ist zu diesem Zeitpunkt eine der führenden Universitäten Deutschlands, wenn auch die theologische Fakultät im Gesamtkontext der Universität nicht die bedeutende Rolle hatte, wie anderswo. Gleichwohl war die Fakultät anders als in Gießen mit herausragenden Wissenschaftlern besetzt. So hört Fliedner bei dem in der philosophischen Fakultät angesiedelten bedeutenden Alttestamentler Johann Gottfried Eichhorn (1752–1827), dessen exegetische Arbeiten ihn aber weder fesseln noch faszinieren. Im Gegenteil, gerade diese wissenschaftliche Art des Umgangs mit den biblischen Texten hat ihn, verbunden mit der Persönlichkeit Eichhorns, eher abgeschreckt als inspiriert. Anders ist dies bei dem Kirchenhistoriker und Systematiker Gottlieb Jacob Planck (1751–1833) (übrigens der Urgroßvater von Max Planck) bei dem er Dogmengeschichte belegt. Die intensiven Studien bei Planck gewinnen für Fliedners eigenen Werdegang an Bedeutung, als Planck sich in seiner Theologie klar vom herrschenden Rationalismus der Aufklärung löst und stattdessen einen rationalistischen Supranaturalismus vertritt, der das Christentum als eine von vernünftigen, rationalen Kriterien bestimmte Religion bezeichnet, deren Grund und Ursprung gleichwohl in einer göttlichen Offenbarung liege. Diese Position hilft Fliedner später, sich langsam vom theologischen Rationalismus zu lösen.

In Göttingen kann Theodor Fliedner auch seine erste Predigterfahrung machen. Der Neunzehnjährige predigt auf Vermittlung des Göttinger Superintendenten Johann Heinrich Trefurt (1769–1841) in den Dörfern Niedernjesa und Stockhausen bei Göttingen. Das Gleichnis vom Pharisäer und Zöllner (Lukas 18, 9–14) ist ein nahezu idealer Text für einen Anfänger, der sich zu einer strengen Predigt über die Bedeutung von Moral und Demut aufmachen will und der mit sich selbst ringt angesichts der Bedeutung der befreienden Botschaft der lutherischen Rechtfertigungslehre und der Forderung, ein tugendhaftes Leben zu führen. Die Spannungen, die in der Predigt spürbar sind und die die unterschiedlichen Einflüsse dokumentieren, unter denen Fliedner in dieser Zeit stand, konnten sich aber damals noch nicht auflösen.

Auch wenn Fliedner augenscheinlich gerne studiert hat und nur aus ökonomischen Gründen sein Studium sehr schnell, nämlich schon 1819, beendet, empfindet er seine theologischen Studien doch insgesamt als unzureichend und eher negativ. Wie stark er die rein intellektuelle Herausforderung des Studiums als nicht vollständig befriedigend empfand, macht Fliedner in seiner autobiografischen Erinnerung deutlich, in der er seine theologischen Lehrer kritisiert; besonders den *ungläubigen, schmutzigfrivolen* Johann Gottfried Eichhorn. Doch es sollte noch länger dauern, bis er sich in die *deutsche Kampffront gegen den Rationalismus* einreihen kann und lobende Worte für den Göttinger Theologen Friedrich Lücke (1791–1855), besonders aber für zentrale Vertreter der Erweckungsbewegung wie August Tholuck (1799–1877) findet.

Der „Zweck" des theologischen Rationalismus „ist, das Christentum in seiner Vernunftmäßigkeit und Zweckmäßigkeit zu erkennen und darzustellen", wie der konservative Pädagoge und Theologe Gerd Eilers (1788–1863), den Fliedner in Bremen auf einer Wanderung kennen gelernt hatte, einmal schrieb. So hatte ja auch der Vater, der dem Sohn Moralität und Tugend beibrachte, gedacht – und doch war eine emotionale Leerstelle geblieben. Die neue Herzensfrömmigkeit, der Fliedner dennoch immer wieder begegnet, führt dann zu der erwecklichen Theologie, deren Anfängen Fliedner spüren konnte. Wir sehen im studierenden Fliedner aber auch noch nicht den fertigen Theologen; wir entdecken später einen Pfarrer in Kaiserswerth, der eine der Erweckungstheologie nahestehende Diakonissenanstalt gründen kann und doch eigene Akzente setzt. Dazwischen liegen Suchbewegungen und tastende Annäherungen, die aber noch keine feste Systematik besitzen.

So kommt Fliedner insgesamt, auch im eigenen Verständnis, durchaus unzufrieden aus dem Studium heraus. Gleichzeitig hat sich sein Wunsch, wie der Vater Pfarrer zu werden, verstärkt; wobei er, wie entsprechende Einträge in ein sogenanntes „Collektaneenbuch" von 1819 zeigen, sich selbst bei der Suche nach einem idealen Pfarrer, der segensreich in allen Teilen der Gemeinde wirken kann, unter nicht unerheblichen Druck setzt. Die Einträge sind geprägt von der Forderung nach einem „mehr", nach intensiverer Predigt, nach einem intensiveren Gemeindeleben.

Bevor es aber zum Gemeindedienst kommen konnte, musste erst das Predigerseminar in Herborn durchlaufen werden. Eine noch junge Einrichtung, die erst 1818 eröffnet worden war; in Nachfolge der berühmten theologischen Hohen Schule Herborn. Eine Besonderheit zeichnet das

Predigerseminar aus, die auch für Theodor Fliedners weiteren beruflichen Weg noch bedeutsam werden soll. 1817 war in der nassauischen Kirche eine Union zwischen Lutheranern und Reformierten durch das Unionsedikt vom 11. August 1817 eingeführt worden; auf Bitten der Idsteiner Synode hatte man gleichzeitig Herborn als uniertes Predigerseminar – was immer man darunter verstehen konnte – errichtet. In Herborn ist es besonders der Lutheraner August Ludwig Christian Heydenreich (1773–1858), der Fliedner stark beeindruckt – nicht zuletzt durch dessen deutliche Ablehnung des Rationalismus und seine Forderungen nach einer Predigt, die „rein religiös, christlich, biblisch, erbaulich, populär und simpel" zu sein habe. Im Nachhinein kann aber festgestellt werden, dass in diesem halben Jahr in Herborn – im März 1820 endet die Zeit und Fliedner bereitet sich im Haus der Mutter in Idstein, wo sie jetzt wohnt, auf das Examen vor – seine eigene theologische Entwicklung hin zu einem biblisch geprägten Theologen wichtige Impulse erhalten hat.

Im August 1820 besteht Theodor Fliedner sein Examen mit der beachtlichen Gesamtnote „vorzüglich gut"; doch der Weg ins ersehnte Pfarramt ist damit noch nicht geebnet, zu schlecht ist die Stellensituation in dieser Zeit. Aber er ist noch jung, erst gut 20 Jahre alt. Durch Vermittlung eines Freundes erhält er das Angebot, Hauslehrer bei dem reichen Weinhändler Jacob Mumm in Köln zu werden. Im Nachhinein erklärt Fliedner, der auch noch die Option hatte, eine Stelle in Augsburg anzutreten: *Der treue Heiland führte mich hier wieder den besten Weg.* Tatsächlich kann diese Zeit der ersten Berufstätigkeit in Köln in vielerlei Hinsicht als wegweisend für seinen weiteren Lebensweg gesehen werden. Theologisch kann er für sich viele Klärungen erreichen, beruflich kann er wichtige Erfahrungen machen, persönlich kann sich der noch junge Fliedner weiterentwickeln.

Seine Aufgabe besteht darin, die beiden Kinder des verwitweten Unternehmers und die beiden Kinder von dessen ebenfalls verwitweter Schwägerin zu unterrichten. Mit dem Einzug bei Mumm erhält Fliedner Zugang zu einer neuen Welt. Anstand, Kleiderordnung und Verhaltensetikette, all dies spielt hier eine weitaus größere Rolle, als er es zuvor erlebt hatte. Sicher war dies keine schlechte Schule für jemanden, der sich dereinst noch in sehr unterschiedlichen Kulturkreisen und Gesellschaftsschichten aufhalten sollte. Mit einer leichten Distanz berichtet er später: *Es ist doch hinderlich, auch fürs Reich Gottes, wenn keine feineren Sitten in der Jugend gelehrt werden.* Sein Sohn Georg kommentiert dies später so: „Er wollte gerne allen alles werden, auch den Feinen wie ein Feiner." Die Anpassungsfähigkeit, die nicht mit Opportunismus verwechselt werden darf, und das Interesse an allen Menschen, werden zu Markenzeichen des Pfarrers Theodor Fliedner. Sie haben ihm später, verbunden mit seiner Strenge und seiner Prinzipienfestigkeit, geholfen, erfolgreich zu sein.

Übrigens verdient Fliedner in Köln auch sein erstes eigenes Geld. Er, der in eigenen Dingen sehr sparsam ist, unterstützt damit nach Kräften seine Mutter und seine Geschwister.

Seine Arbeit im Haus nimmt ihn vollständig in Anspruch – auch da er seine Aufgabe sehr ernst nimmt. Unterricht in fast allen wichtigen grundbildenden Fächern steht auf dem täglichen Stundenplan; wichtiger aber sind die erzieherischen Aufgaben, die Fliedner übernommen hat, wobei ihm gerade die religiöse Erziehung der Kinder besonders am Herzen liegt. Er bemüht sich dabei, jedem der Kinder sein eigenes Recht zukommen zu lassen. Folgt man den erhaltenen Briefen und Berichten aus seiner Kölner Zeit, sind seine pädagogischen Bemühungen durchaus erfolgreich.

Im Hause Mumm herrscht offensichtlich ein eher oberflächlicher, von der Aufklärung bestimmter Glaube vor. An den Erzieher Fliedner wird die Erwartung gestellt, die religiöse Bildung zu vertiefen. Eine Aufgabe, die er gerne und mit innerer Anteilnahme übernimmt. In diesem Kontext kommt es dann zu einem charakteristischen Konflikt, der deutlich machen kann, wie stark sich Fliedner in dieser Zeit schon vom althergebrachten Rationalismus gelöst hatte: Jeden Morgen betet Fliedner mit den Kindern. Sie tun dies schließlich auch gemeinsam kniend. Dieses berichtet er, offensichtlich stolz über seine erzieherischen Fortschritte, seinem Gönner aus Herborner Tagen, Kirchenrat Koch, der, offensichtlich hoch alarmiert, die Information in Fliedners Netzwerk in Hessen weitergibt. Der Vorwurf lautet, Fliedner sei offenbar ein Anhänger des neuen „Pietismus" geworden und öffne sich mithin der neuen, für die damaligen Zeitgenossen noch schwer einzuordnenden Erweckungsbewegung. Für Fliedner ist dies eine sehr schwerwiegende Anschuldigung; sicherlich auch, da er um seine berufliche Zukunft fürchtet. In einem sehr langen Brief an Konsistorialrat Koch schreibt er: *aber wenn es mir gelungen ist, den Verdacht des Pietismus aus ihrer Seele zu entfernen, o so retten Sie dann meinem Namen von dem Verdacht und der Schande, die ihm droht, ja wohl schon geworden ist. Und geben Sie mir meine Ehre wieder!* Der massive Vorwurf hat ihn offensichtlich getroffen; allerdings auch, weil er sich selbst eingestehen muss, dass dieser wohl nicht ganz unbegründet war, da er sich in Köln theologisch und religiös neu ausgerichtet hatte. So ist denn auch seine inhaltliche Verteidigung in dem Brief darauf gerichtet, sein Verhalten zu verteidigen und zu begründen. Eine kniende Gebetshaltung ist für ihn nicht gleichzusetzen mit einem katholischen „Aberglauben" sondern vielmehr Ausdruck einer unverstellten und innigen Frömmigkeit. Gerade gegenüber der katholischen Frömmigkeit findet er scharfe Worte: *hier* (d.i. im katholischen Köln), *wo man bei jedem Durchgang durch die Kirchen Scharen von Betern um die Altäre und Bilder knien und mit der empörendsten Gedankenlosigkeit ihre Rosenkränze abzählen sieht; hier endlich, wo man selbst viele Protestanten das häufige und das kniende Beten zwar nicht aus Gleichgültigkeit oder dem Aberglauben der Katholiken, aber doch aus andern nicht minder falschen Gründen für verdienstlich halten sieht oder hört.*

Das Beten ist für ihn in diesem Konflikt ein zentrales Element einer evangelischen Frömmigkeit – und wenn dies im Knien geschieht, so ist es, wie Fliedner am Beispiel des Schwedenkönigs Gustav Adolf deutlich macht, der täglich auf den Knien gebetet habe, Ausdruck einer *reine(n), unbefleckte(n) Frömmigkeit.* Er fragt rhetorisch: *Aus welcher Absicht liegen aber die Menschen in solchen Hauptmomenten ihres Lebens auf den Knien? Doch wohl in der Regel, um desto herzlicher und andächtiger und ernstlicher Gott zu danken oder zu bitten und ihre Abhängigkeit und Demut zu bezeugen.* Für Theodor Fliedner dürfte dieser Streit Anlass gewesen sein, über seine eigene Frömmigkeit nachzudenken und zu erkennen, wie weit er sich schon von der tugendhaften aber die Menschen wenig erreichenden Form der rationalistischen Frömmigkeit verabschiedet hatte. Sein Sohn Georg Fliedner hat diesen Konflikt leicht emphatisch als Weggabelung beschrieben: „Das hat ihn langsam vorwärts gebracht auf dem Weg des Heils, hat ihn auch nüchtern erhalten und ihn vor falschem Gefühlschristentum bewahrt, hat ihn gelehrt zu unterscheiden zwischen denen, die nur die Sprache Kanaans reden, und denen, die das Bild Christi im Herzen tragen."

Dazu beigetragen hat sicherlich der schon genannte Kölner Superintendent Krafft. Der reformierte Theologe, der sich selbst in Predigten gegen den Rationalismus aussprach, unterstützt Fliedner nach Kräften. Und Krafft organisiert in

Köln eine kirchliche Arbeit, die Fliedner dann in vielerlei Hinsicht zum Vorbild wird. Er sorgt dafür, dass dieser, der ja weiterhin ein Pfarramt anstrebt und zur Übung regelmäßig Predigtdienst hat, im Kölner Arresthaus predigen darf – eine sehr frühe Kontaktaufnahme mit der Not der Gefangenen. Noch wichtiger ist wohl die durch Krafft, der in Köln das freie evangelische Vereinswesen unterstützte, vermittelte Mitarbeit in der Kölner Bibelgesellschaft, für die Theodor Fliedner Verwaltungsarbeiten erledigt. Hier erhält er weiteren Kontakt mit der Erweckungsbewegung, die engen Kontakt nach England hatte, und einen sicher faszinierenden Einblick in deren Internationalität – eine frühe Übung für spätere Initiativen.

Die Zeit in Köln endet jedoch schneller als gedacht. Im August 1821 kündigt Jacob Mumm seinem Hauslehrer, mit dem er zunehmend unzufrieden ist. Sofort intensiviert Theodor Fliedner seine Suche nach einer eigenen Pfarrstelle, kein leichtes Unterfangen in der damaligen Zeit. Die erste Möglichkeit, die sich ihm bietet, ist die kleine und arme Gemeinde am Niederrhein, die ihn vor besondere Herausforderungen stellt und ihm besondere Chancen zu bieten scheint: Kaiserswerth.

Die Reisen

Als Theodor Fliedner im Januar 1822 nach einigen Mühen in Kaiserswerth seine erste Pfarrstelle antritt, deutet zunächst nichts darauf hin, dass er hier endgültig angekommen ist – und zugleich die kleine Gemeinde zu einem, oder seinem, Zentrum für ein globales Unternehmen machen sollte. Der junge Mann von zweiundzwanzig Jahren ist, wie er auch selbst meint, ein unfertiger Pfarrer. Zwar ist er formal gut ausgebildet, aber: Ist er den Herausforderungen gewachsen, die an ihn gestellt werden? Und was kann eine kleine und arme Gemeinde im katholischen Umfeld, die in ihrer noch jungen Geschichte eine Vielzahl von Problemen zu bewerkstelligen hatte, überhaupt von einem Pfarrer erwarten?

Auch wenn sich schon im Studium und dann verstärkt noch in seiner Zeit als Hauslehrer eine Suchbewegung sowie ein latentes und offenes Unbehagen gegenüber dem Rationalismus manifestiert hatte, soll erst das Gemeindepfarramt eine Klärung seiner theologischen Position bringen. Immer wieder hatte Fliedner die Bekanntschaft mit der Erweckungsbewegung gemacht; zuletzt in Köln im Umkreis seines Förderers Krafft. Dort hatte er auch zur Selbsterforschung bereits mit der Führung eines sogenannten „Selbstprüfungsbuchs" begonnen. Das ist eine Art Tagebuch, in dem immer wieder sein Ringen um, wie es sein Sohn Georg genannt hat, „Vervollkommnung und Heiligung" dokumentiert ist. Dieses Buch besteht aus zwei

Teilen. Fliedner hat es zunächst in Köln begonnen, dann dort aber nicht fortgesetzt. Erst während des ersten Kaiserswerther Amtsjahres führt er es kontinuierlich fort; freilich in durchaus unterschiedlicher Intensität. Einiges fällt bei der Lektüre des später veröffentlichten Buches auf: Da ist jemand, der mit sich ringt, der sich stark fordert, von sich selbst alles abverlangt und sich auch scharf beobachtet. Er will nicht träge sein – und steht doch manchmal spät auf; er will mit Freude arbeiten – und spürt doch manchmal Widerwillen; er will Ordnung halten – und kann es doch nicht immer (*O Zeit der Ordnung, Zeit der Heiligung, wann wirst du kommen?*); er will aufrichtig und von Herzen predigen – und spürt doch seine Grenzen bei der Herzensfrömmigkeit. Wir könnten dies fortsetzen, sehen aber hier schon eine bestimmte und zentrale Grundstruktur in seinem Charakter: Hohe Erwartungen und strenge Maßstäbe, die auch später bei der Diakonissenanstalt wieder auftauchen. Aber noch etwas anderes fällt auf: Die Versuche der eher negativen Abgrenzung von der Vätertheologie des Rationalismus verbinden sich gleichsam symbiotisch mit der Hochschätzung des Pfarrerideals des Vaters, dessen tugendhafte Gemeindeführung für Fliedner zum Vorbild geworden war. Die Realisierung der eigenen Frömmigkeit in einem Tatchristentum sollte Fliedner dann später auf seinen Reisen erleben dürfen. Denn gerade diese Reisen waren es, verbunden mit den Erfahrungen, die er in Kaiserswerth machen konnte, die seine Frömmigkeit wachsen und sich verändern ließen und die ihn trotz aller erwecklichen Weltabgewandtheit doch zu einem guten Beobachter der Welt werden ließen. Martin Gerhardt hat im Blick auf das Selbstprüfungsbuch von einem „ernsten Heiligungsbestreben" bei Fliedner gesprochen, wobei ein „gesetzlicher Zug in dieser Frömmigkeit" zu beobachten gewesen sei. Dass dieser nicht zu stark wurde, lag dann aber auch daran, dass Fliedner sich immer wieder der Welt – deren Vergnügungen er ablehnte – zuwandte.

Und so fand der Wille zur gottgefälligen Tat wie sie Fliedner vorschwebte, also der Suche nach einer sinnvollen Beschäftigung, gerade in Kaiserswerth ein reiches Betätigungsfeld.

Dabei kennt der Pfarrersohn aus Eppstein die Situation der Not, die er vorfindet, durchaus aus eigener Erfahrung, denn ihm war in jungen Jahren ja schon viel abverlangt worden.

Die noch junge und sehr kleine Kirchengemeinde war strukturell arm; im Örtchen Kaiserswerth mit gut 1 450 Einwohnern zählte sie wahrscheinlich nur 150 Mitglieder – eine kleine Minderheit also. Größter Arbeitgeber am Ort war die Seidenweberfabrik Preyers und Petersen, die sich auch mit 90 Talern am Pfarrgehalt beteiligte; beschäftigte sie doch besonders die evangelischen Arbeiter des Ortes. So kann man, wenn man zum Pessimismus neigt, die Lage in Kaiserswerth kurz nach Fliedners Amtsantritt als fast hoffnungslos beschreiben; so schwierig, dass sein zuständiger Superintendent Pithan ihm andere Pfarrstellen anbietet. Doch dies lehnt Fliedner ab, obwohl er den Lebensunterhalt für sich und seine Geschwister aufbringen muss – er entscheidet sich für Treue und Pflicht, durchaus seinem Charakter entsprechend. Dabei war Fliedner auch in seiner Gemeindearbeit niemand, der Konflikten aus dem Weg ging. Trotz der ökonomischen Probleme der Gemeinde kommt es schon sehr früh zu Konflikten mit der katholischen Bevölkerungsmehrheit in Kaiserswerth beziehungsweise mit dem katholischen Priester am Ort. Dies waren Vorboten für weitergehende konfessionelle Konflikte, die Fliedners Leben auch prägen sollten.

Überschattet wurde alles von den Überlegungen, wie man die Kirchengemeinde finanziell retten könne. Und

Fliedner kam auf eine Idee, die schon einer seiner Vorgänger hatte und die in der damaligen Zeit häufiger angewendet wurde – die Kollektenreisen: *Ich entschloß mich daher, im Vertrauen auf den treuen Herrn der Kirche, bei der Milde der evangelischen Brüder in der Nähe und Ferne Hülfe für meine Gemeinde zu suchen, ein Weg, zu welchem ich, wie unangenehm und beschwerlich er auch war, durch den Rückblick auf meinen ersten Amtsvorgänger, Mühlenbeck, ermuntert wurde, welcher denselben mit Freudigkeit und Erfolg betreten hatte.*

Für Fliedner war das eine sehr naheliegende Idee, denn das Motiv des Reisens bestimmte sein Leben; es taucht immer wieder auf, man kann es fast als ein ordnendes Schema für sein Leben erkennen. Über viele Jahrzehnte bestimmten die Reisen und Dienstfahrten den jährlichen Rhythmus. Man hat einmal ausgerechnet, dass Theodor Fliedner in den ersten Jahren bis zu 100 Tage im Jahr von Kaiserswerth abwesend war.

Die Wanderungen mit dem Vater durch den Taunus und die Umgebung von Frankfurt sind schon genannt worden; die Wanderungen zur Studienzeit noch nicht. So entbehrungsreich und zielstrebig das Studentenleben auch beschrieben wird, so bescheiden waren auch die Möglichkeiten und Rahmenbedingungen für seine beiden Deutschlandspaziergänge. Diese sind auch Ausdruck seines großen Interesses an Neuem, an Anderem. Der vielleicht simpel daherkommende Satz „Reisen bildet" trifft in vielfacher Weise doch auf Theodor Fliedner zu, dessen Werk wohl ohne die Reiseerfahrungen und ohne die Bereitschaft, die Erlebnisse und Eindrücke produktiv umzusetzen, kaum erklärbar ist.

Bereits 1817 hatte er alleine (!) eine lange Wanderung über Hanau und Würzburg ins evangelische Nürnberg unternommen um über Frankfurt zurück nach Eppstein zu gelangen. Diese Wanderung scheint in der Familie leicht legendarische Züge erhalten zu haben als sogenannte „Zwetschenreise" – hatte er sich doch, nachdem durch Leichtsinn die Reisekasse leer war, primär durch gesammeltes Obst ernährt. Die Botschaft des bedürfnislosen und entbehrungsreichen Fliedner, der gleichwohl auf solchen Wanderungen wichtige Erfahrungen in Kirchen und Gemeindehäusern machen konnte, ist spürbar. Hier ist jemand, der sich persönlich zurücknehmen kann, bescheiden und bedürfnislos lebt und gleichwohl das Beste aus jeder Situation macht. Dies gilt mehr noch für seine zweite große Wanderung im Frühjahr 1819, die ihn unter anderem nach Bremen, Hamburg, Lübeck, Leipzig und Halle führte. In den erhaltenen Mitschriften und Tagebüchern der Wanderung begegnet ein allseits interessierter, neugieriger Fliedner, der bei aller persönlichen Zurückhaltung, aufmerksam Natur und Menschen beobachtet und charakterisiert und der sich und sein Leben gut zu organisieren weiß.

Dieser Fliedner geht auch auf die Kollektenreisen; er reist später nach Berlin, Schlesien, London, Amerika und zweimal in den Orient.

Zurück zu seinem ersten Amtsjahr als Pfarrer und zur Not der Gemeinde: Fliedner entschließt sich also, eine Kollektenreise zu unternehmen, nachdem er zunächst in Wuppertal und am Niederrhein kollektiert hat. Nach Holland und England führt ihn eine 14-monatige Reise vom Juni 1823 bis August 1824.

Theodor Fliedner fährt gut vorbereitet los; er setzt sich selbst Empfehlungsschreiben auf, zusätzlich sammelt er noch – auch später auf der Reise – weitere solcher Schreiben, die ihm in den besuchten Orten immer wieder als Türöffner dienen. Über den Niederrhein, Nymwegen und Arnheim reise er nach Amsterdam, wo er fast drei Monate bleibt und zu einer in der kirchlichen Öffentlichkeit bekannten Persönlichkeit wird. Gerade in den Anfängen des Kollektierens, als er noch kaum jemanden kennt und ihn kaum jemand kennt und er noch Schwierigkeiten hat, sich auf die Kultur des Landes einzustellen, wird schnell klar, dass er für den Erfolg mehr Zeit braucht, als zunächst veranschlagt war. Seine Anpassungsfähigkeit an die holländischen Verhältnisse und seine Offenheit gegenüber religiösen und gesellschaftlichen Entwicklungen, die er kennen lernen will, auch wenn er sie innerlich ablehnt, helfen ihm bei diesem Erfolg. Nachdem er Amsterdam verlassen hat, geht Fliedner nach Rotterdam und von dort aus nach Leiden, Utrecht, Haarlem und in weitere niederländische Orte, bevor er am 1. März 1824 nach England übersetzt und noch einige Monate durch London und Oxford reist. Dieser letzte Teil der Reise war nicht geplant und ist sicher auch Resultat seiner Neugier.

Für Theodor Fliedner wird die Reise ein großer Erfolg – nicht nur in finanzieller Hinsicht. Aber natürlich ist es auch der finanzielle Ertrag, der genannt werden muss. Schon bei seinen ersten jeweils mehrere Wochen dauernden Reisen in das Wupper-Tal (Elberfeld und Barmen) und an den Niederrhein, gelang es Fliedner so viel Geld zu sammeln, dass die akuten Finanzsorgen erledigt waren. Eine strukturelle Absicherung der Gemeinde wartete aber noch. Das Ziel war es, die Gehälter von Lehrer und Pfarrer aus dem Kapitalvermögen zu begleichen – und dies ging nur, wenn man in das protestantische Ausland, besonders nach Holland und England fuhr. Dazu entschied sich Fliedner. Auch wenn er mit einer relativ kurzen Abwesenheit von der Gemeinde rechnete, mag dies uns heute doch erstaunen: Da ist ein Gemeindepfarrer, der zunächst wochenlang in der näheren Umgebung herumreist und die Gemeinde von den benachbarten Amtsbrüdern mitversorgen lässt. Ein heute möglicherweise fremdes Gemeindeverständnis steht dahinter: Gottesdienst, Kasualien aber auch regelmäßige Besuche aller Gemeindeglieder bestimmten die Amtstätigkeit. Aber damit war ein dynamischer Mann wie Fliedner, wie wir sehen werden, noch nicht ausgelastet. Und dennoch kann man es von heute aus gesehen fast als Zumutung seiner Gemeinde gegenüber interpretieren, musste diese doch so viele Monate auf den Pfarrer verzichten. Immerhin bemüht er sich immer wieder darum, die Gemeindearbeit aus der Ferne brieflich zu unterstützen – und sei es durch die Vermittlung eines Hilfsgeistlichen als Vertretung. Wichtige Ansprechpartnerin in der Gemeinde ist seine Schwester „Käthchen", die er quasi als „Pfarrfrau" in der Gemeindearbeit sieht.

Im November 1823 wendet sich Fliedner in einem „Hirtenbrief" an seine Gemeinde und versucht, ihr Trost und Kraft zu spenden, da seine Reise länger dauert als geplant: *Ja, reiche Freude im Herrn ist es, die ich genieße und die auch ihr genießen werdet, denn der Herr allein hat sie gegeben durch die gnädige Hülfe, die er unserer Gemeinde schenkt durch das wunderbare Segnen meines Unternehmens.* Er ruft seine Gemeinde zu Glaubensstärke auf, ermuntert zu Hausgottesdiensten und bittet um das Gebet: *Betet für mich! Betet, daß der Herr mich bewahre an Leib und Seele bei so vielen Gefahren, bei so vielen Versuchungen, bei so vielen Beschwerden dieser Pilgerschaft!*

Die beschwerlichen Unternehmungen haben sich aber für ihn und die Gemeinde gelohnt. Nach Abzug der Unkosten (Fliedner war sehr sparsam gewesen) konnte die Gemeinde über ein neues Barvermögen von 19 268 Bergischen Talern verfügen. Sein Gehalt wurde entsprechend erhöht – auch Lehrer und Küster erhielten mehr. Und ein Armenfonds wurde eingerichtet zur Unterstützung bedürftiger Gemeindeglieder – ein erster diakonischer Impuls der Arbeit. Schließlich kaufte die Gemeinde auch noch Grundstücke und Häuser an der Wallstraße; hervorzuheben ist hier der noch heute stehende Mühlenturm. Ihn kauft

Theodor Fliedner 1845 der Kirchengemeinde ab, um dort für die Diakonissenanstalt Badehäuser einzurichten – damals konnte man im Rhein offenbar noch schwimmen.

Dass Fliedner aber nicht allein das Geldsammeln, das Fundraising, im Blick hatte, zeigt allein schon die Buchveröffentlichung des Reiseberichtes. Für Theodor Fliedner ist typisch: Der zweite Band, der einen Bericht seiner Englandreise enthalten sollte, liegt heute nur als unbearbeitetes Manuskript vor – die Herausgabe wurde durch andere Projekte verdrängt. Solche unfertigen Projekte finden wir manche im Nachlass Theodor Fliedners.

Sieben Jahre nach der Reise und nachdem er für weitere Recherchen 1827 noch einmal nach Brabant gefahren war, veröffentlicht er 1831 einen sehr ausführlichen Bericht der Reise nach Holland. Zu diesem Zeitpunkt hatte sich seine Situation durch Heirat und Gründung der Gefängnisgesellschaft schon grundlegend geändert.

Im Vorwort begründet er die Veröffentlichung nicht allein mit dem Wunsch, durch diesen informativen Bericht ein wenig von der Dankbarkeit gegenüber den Gebern zu zeigen. Er will zudem in Deutschland über die ihn durchaus faszinierende und inspirierende kirchliche Situation gerade in Holland ehrlich und schonungslos informieren, da diese *Extremen sich hinneigen.* Der Bericht über die Kollektenreise – seine erste gewichtige Veröffentlichung – ist daher weniger ein authentischer Reisebericht; er ist vielmehr das Ergebnis eines reflektierten theologischen Nachdenkens über die dort gemachten Erfahrungen. Schon durch die Verbindung von lebensnahen Berichten eigener Erlebnisse mit den Ergänzungen aus der wissenschaftlichen Erforschung wird der interpretierende Charakter deutlich. Dieser Aspekt verdient insofern besonders herausgehoben zu werden, als Fliedner bei der Veröffentlichung des Berichts noch immer in einer persönlich und theologisch anderen, als einer als stabil zu bezeichnenden Situation war. Auch wenn sich durch die Reise und die Gemeindearbeit vieles für ihn geklärt hatte, können wir die Suche, das Rastlose und die Unklarheit in der eigenen Position noch immer beobachten.

Fliedner beginnt seinen Bericht mit einer eigenen Positionsbestimmung, die in der Nachschau formuliert das Ergebnis seiner theologischen Wandlung präsentiert. Wenn er feststellt, dass er auf einem *einfachen biblisch-gläubigen Standpunkt* stehe und das Ziel habe, den *Krebsschaden des Unglaubens* zu bekämpfen, spiegelt dies auch die Erfahrungen und Entscheidungen wider, die er damals gemacht hatte. In einem autobiografischen Text von 1856 zur Entstehung der Diakonissenanstalt macht er dies später noch deutlicher: *Der Herr schenkte dieser vierzehn-monatlichen Kollektenreise nach Holland und England großen irdischen Segen, so daß ich ein Kapital zusammenbrachte ... Aber, da er nach seiner überschwenglichen Liebe, gerne mehr als einen Segen austeilt, so bescherte er mir selbst einen noch viel größeren geistigen Segen durch die Reise.* Dieser Segen lag weniger darin, dass er dort eine *Menge wohlthätiger Anstalten* sah, sondern vielmehr darin, dass er *bemerkte ... wie der lebendige Glaube an Christum fast alle diese Anstalten und Vereine ins Leben gerufen hatte und noch erhielt.*

So war es eine diakonische Studienreise, auch wenn Theodor Fliedner diesen Begriff noch nicht kannte. Das sehr vielfältige und unterschiedliche bürgerliche und kirchliche soziale Engagement in protestantischen Ländern beeindruckt ihn. Dies gilt zunächst für seinen Aufenthalt in Amsterdam, wo er die sozialen Einrichtungen der Stadt, die von den verschiedenen Religionsgemeinschaften und Konfessionen getragen werden (u. a. Waisenhäuser, Altenheim, Krankenhäuser und besonders die Gefängnisse), besucht und deren Wirksamkeit beschreibt. Immer wieder führt ihn dabei der Weg zu den Gefängnissen, großen, manchmal unmenschlichen Einrichtungen. Hier erweist er sich als exzellenter Beobachter und Empiriker, der seine Umwelt kritisch-konstruktiv wahrnehmen kann. Schilderungen über die Gefängnisse im internationalen Kontext sollten dann für die Debatten um eine Gefängnisreform, die später geführt werden, von großer Wichtigkeit werden. Nicht umsonst veröffentlicht Fliedner seine „Bemerkungen über die Vorzüge und Mängel der in diesem Jahre von mir besuchten englischen und schottischen Gefängnisse, in Vergleichung mit unseren preußischen" einige Jahre später separat in den „Jahrbüchern der Straf- und Besserungsanstalten" (1832). In seinem Buch über die Kollektenreise vergleicht er die niederländischen Gefängnisse mit ähnlichen Einrichtungen in England oder den USA, die er entweder selbst besucht hat, oder über die er gelesen hatte.

Der Kollektant Fliedner bewegt sich primär in den kirchlichen Kreisen im protestantischen Milieu; hier erlebt er eine religiöse und theologische Vielfalt, die er aus Deutschland so nicht kennt. Mutig kategorisiert und beurteilt er theologische Strömungen und Gruppierungen – der deutsche Leser konnte sich sicher sein, unterhalten und informiert zu werden. So kann er die niederländischen Remonstranten kritisieren, die verschiedenen Herrnhuter Gemeinen aber faszinieren ihn in ihrer offenen und festen Glaubenshaltung. Immer wieder finden sich auch polemische Aussagen gegen die *todte(n) Orthodoxie* und eine scharfe Kritik an den Rationalisten, deren Zeit er als abgelaufen betrachtet. Seine Kritik an den Folgen von neologischen Predigten, die zu keiner das Herz erreichenden, sondern nur zu äußerlicher Frömmigkeit führen, verbindet sich mit einer Kritik am eigenen Vater. Kein „Vatermord" zwar, aber doch eine klare Distanzierung; sicher auch ermöglicht durch die Abwesenheit von der Heimat.

So zeigt Fliedner, der im lutherischen Nassau aufgewachsen war, hier bereits eine große Offenheit gegenüber reformierter Theologie, die er in seinem kurzen Studium in Gießen und Göttingen nicht kennen gelernt hatte. Sicherlich wegweisend wird Fliedners Begegnung mit einem kirchengemeindlichen Amt: der Diakonisse und dem Diakon.

Die Geschichte der ersten Begegnung des zukünftigen „Diakonissenvaters" mit dieser auf die Reformationszeit zurückgehenden Institution ist durchaus typisch für die besondere Begabung Fliedners. Denn die in seinem Reisebericht gegebene ausführliche Beschreibung seiner Erfahrungen mit den Diakonen und Diakonissen in den reformierten Gemeinden der Niederlande sind thematisch verbunden mit einer älteren Veröffentlichung, die Fliedner benutzt und bewundert hat. Der Pfarrer Franz Klönne (1795–1834) aus der kleinen niederrheinischen Stadt Bislich hatte in seiner Schrift von 1820 „Ueber das Wiederaufleben der Diaconissinen der alt-christlichen Kirche in unsern Frauenvereinen" entsprechende niederländische Modelle beschrieben und ein eigenes Konzept entwickelt. Dieses Buch kannte Fliedner bei seiner Kollektenreise noch nicht, später hat er es dann positiv rezipiert.

Und was fasziniert ihn besonders an den Diakonissen, was vermisste er wohl in den Gemeinden? Er berichtet 1831: *Es gibt in den Gemeinden* (d.i. der Mennoniten, N. F.) *auch noch Diakonissinnen, welche vom Kirchenvorstande gewählt werden, unter diesem stehen, und sich mit der weiblichen Armenpflege befassen. Sie besuchen die Hütten der Armuth, theilen die bewilligten Kleidungsstücke aus, sorgen für das Unterkommen der Mädchen als Dienstboten u.s.w.. Sie sind so wenig, wie die Diakonen, besoldet, gehören zu den angesehensten Familien der Gemeinden, und unterziehen sich dabei ihrem viele Aufopferung an Zeit etc. erfordernden Geschäft mit grosser Willigkeit.*

Erst später wird er eine kirchenhistorische Begründung des Diakonissenamtes liefern, aber schon in diesem frühen Stadium legt er die Grundlagen der Argumentation dafür, dass das Diakonissenamt sich aus der apostolischen Zeit ableiten lässt. Phöbe (Römer 16, 1) ist für ihn die erste Diakonissin, die erste in der Gemeinde tätige Frau. Und diakonische Arbeit ist weibliche Arbeit – Diakonie und Pflege sind weiblich, wie man damals dachte. Fliedner folgert: *Diese lobenswerthe, urchristliche Einrichtung sollte von den anderen evangelischen Confessionen billig nachgeahmt werden.*

So wird in der „Collectenreise" auch schon die uns später noch näher interessierende historische Begründung in einem Dreischritt formuliert: Die Phöbe der apostolischen Zeit, die Gemeindediakonissen der reformierten Gemeinden (speziell in der Reformationszeit), die Frauenvereine in der Zeit der Befreiungskriege seiner Gegenwart. Damals hatte etwa in Frankfurt Johann Neigebaur auf der Grundlage solcher Vereine, die sich der Krankenpflege widmeten, das Projekt eines „Jungfrauen-Stiftes der Königin Louise von Preußen" vorgeschlagen.

Aber auch das Engagement der Britin Elisabeth Fry (1780–1845), die er selbst kennen lernen durfte, für die Gefängnisreform, ist für Fliedner ein Beispiel dafür, *welche Kräfte weibliche Frömmigkeit zum Aufbau des Reiches Gottes besitzt, sobald sie nur freien Raum zu deren Entwickelung findet.* Wir schauen im Nachhinein auf die Geschichte und können sehen, welche Spur ins Leere lief und welche eine große eigene Kraft entfalten konnte. Fliedner gibt uns in seiner „Collectenreise" Hinweise darauf, in welche Richtung eine zukünftige Entwicklung seiner Ansicht nach gehen konnte: In der geordneten auf die Kirchengemeinde konzentrierten Berufstätigkeit der Frau sieht er ein großes Potential an zu mobilisierenden Kräften. Welche Kraft die Bewegung entfalten konnte, sieht er damals offensichtlich noch nicht. Die theologischen und kirchenpolitischen Reflexionen der „Collectenreise" können so zunächst als der persönliche Rechenschaftsbericht eines rheinischen Gemeindepfarrers betrachtet werden. Es ist die theologische Positionsbestimmung eines Pfarrers, der aus dem Luthertum in Nassau kam und zur reformierten Theologie hingezogen wurde und der doch gleichzeitig seine Heimat in einer uniert werdenden Landeskirche gefunden hat. Dies klingt kompliziert und das war es auch für den noch jungen Pfarrer, der sich zu orientieren suchte. Diese Reise ist somit tatsächlich ein Wendepunkt in seinem Leben; sie liefert den Schlüssel für viele der folgenden Ereignisse und Entscheidungen. Das Reisen ist dabei ein wesentliches Motiv seines Lebens geblieben.

Ein streitbarer Mann der Kirche

Der Reisende hat die Gemeinde finanziell gerettet, die Gemeindeglieder danken ihm sein Engagement und sind froh, dass er trotz mancher Angebote fest zu seiner Anstellung in Kaiserswerth steht. Und er gibt der Gemeinde nun das, was sie sicher auch in der Zeit der Abwesenheit vermissen musste: ein lebendiges Gottesdienstleben. Auch durch seine Erfahrungen in den niederländischen und englischen Gottesdiensten lenkte er seine besondere Aufmerksamkeit auf die Wortverkündigung. Schon sein Vater hatte in der Liturgie die einfache lutherische Agende der Kurpfalz verwendet, die durchaus eine Nähe zur reformierten Tradition besaß. Nach allem, was wir wissen, können wir davon ausgehen, dass die als eher nüchtern und konzentriert beschriebene Form der Liturgie seinem Naturell entsprochen haben dürfte. Änderungen betreffen in seiner Gemeinde die Schriftlesung vom Altar aus sowie die planmäßige Förderung des Gesanges durch eigene Singstunden – später sollte er dann noch eigene Lieder für die Diakonissen schreiben und ein eigenes Liederbuch herausgeben. Gesang war ihm immer wichtig. Für ihn ist klar: *Wie sollten wir evangelischen Geistlichen doch mehr nach Luthers Vorbild den kirchlichen Gesang pflegen, als ein mächtiges, und das fast allein erlaubte Mittel, die Sinne unserer Gemeindeglieder wohltätig für ihre Seele anzuregen und zur Stärkung ihrer Andacht und heiligen Freude.*

Liturgie prägt eine Gemeinde – und auch die Predigt. Noch heute fällt es uns schwer, den Prediger Fliedner in seiner ganzen Breite zu erfassen. Nur wenige seiner Predigten sind bisher veröffentlicht. Dabei verwahrt das Fliedner-Archiv einen wahren Schatz, eine vollständige Sammlung bis 1849, dem Jahr, als er sein Gemeindepfarramt niedergelegt hat. Auf insgesamt über 5 200 kleinen Heftseiten ist eng geschrieben und manchmal nur schwer lesbar ein ganzes Predigtleben zu besichtigen. Selbstkritisch stellt sich Fliedner darüber ein durchwachsenes Zeugnis aus. Schon früh hat der die Predigt als *Mittelpunkt des evangelischen Gottesdienstes* und darin zugleich einen Schwerpunkt der gemeindlichen Arbeit gesehen.

Eine Analyse einiger seiner Texte zeigt einen entsprechend nüchternen und sittenstrengen Prediger, der zu Buße und Umkehr ruft, der die Heiligung des Lebens beschwört und – durchaus lebensnah und lebensfern zugleich – die Schwächen seiner Gemeindeglieder anspricht: *Solange das Herz nur an den Brotschrank und das Schnapsglas denkt und darin sein ganzes Himmelreich sieht, wie kann es die Bitte nur verstehen: dein Reich komme zu uns.* In diesen Gemeindepredigten begegnet uns Fliedner auch als Erzieher seiner Gemeindeglieder, als Mahner gegenüber einem lauen Christentum. Christ sein kann man nicht, ohne Konsequenzen für sein eigenes Leben zu ziehen. Christsein ist keine bequeme und schöne Angelegenheit. Diese Bußpredigt, diesen Ruf nach Umkehr, nach Abkehr von einem Materialismus hören die Gottesdienstbesucher häufig – so wie später auch die Diakonissen.

Der Prediger Fliedner gründete eine Arbeitsgemeinschaft mit anderen Pfarrern aus der Kreissynode Düsseldorf und der Umgebung, in der theologische, liturgische und auch kirchenpolitische Fragen diskutiert wurden. Dort legte er Wert darauf, *daß wir auch die Vervollkommnung des Kirchengesanges in die Gegenstände der Besprechung mit einschlossen, und stets mit Gebet und einem Kirchenlied die Konferenz begannen.*

Auch wenn wir heute Theodor Fliedner als Mann der Inneren Mission ansehen und manchmal wohl auch die Verbindung zur Kirche nur lose erscheinen könnte, ist ein Schlüssel für Fliedners Arbeit sicher sein Verhältnis zur Kirche und sein Interesse an deren Umgestaltung. Hier treffen sich die Interessen des „Diakonissenvaters" mit denen des Freundes der Erweckungsbewegung. Deutlich wird dies an den Gesprächen über die schon beschriebene Liturgiereform und seine führende Beteiligung am sogenannten „Agendenstreit", Fliedners einziger nachhaltigen kirchenpolitischen Auseinandersetzung. Der Konflikt ist eingebettet in ein Stück typisch rheinisch-westfälischer Kirchengeschichte – manchmal für Menschen außerhalb Preußens nicht einfach zu verstehen. Es ist eine theologische Auseinandersetzung, die gerade in den ersten Jahrzehnten des 19. Jahrhunderts in den preußischen Westprovinzen zu einer großen Unruhe in Kirche und Gesellschaft geführt hat. Es ist der Streit um die Einführung der neuen gottesdienstlichen Agende, nach dem Aufruf des preußischen Königs Friedrich Wilhelm III. zu einer Union der Lutheraner und Reformierten in Preußen von 1817. In dem „Agendenstreit", der sich mit dem Konflikt um eine zukünftige Kirchenverfassung 1835 verband, widersetzten sich gerade viele Pfarrer im Rheinland gegen die als zu lutherisch empfundenen liturgischen Vorschläge. Fliedner, der gerade die

Unabhängigkeit der Gemeinden im Rheinland als ein wertvolles Gut empfunden hatte, lehnte die Ideen zur Kirchenverfassung ebenso ab wie die neue Agende. Er stand damit ganz in der Tradition seiner Argumentation aus der Mitte der 1820er Jahre, als er mit seiner eigenen Erfahrung in den Niederlanden und England die reformierte Liturgie des Niederrheins verteidigt hatte. Gemeinsam mit seinen Pfarrerkollegen aus der Umgebung kämpft er nun gegen die Berliner Vorschläge, die er als einen staatlichen Eingriff in die Kirche empfindet und hinter denen er katholisierende Ideen vermuten kann. Aber natürlich können wir heute das Ganze auch als eine gewisse rheinische Widerborstigkeit verstehen. Immerhin bot die kirchliche Verfassung den Pfarrern hier eine fast einzigartige Stellung. Pathetisch und nationalistisch zugleich hat es Martin Gerhardt ausgerückt: „Fliedners starker Willensnatur und ausgesprochener Führergabe entsprach auch die weitgehende Unabhängigkeit von behördlicher Bevormundung, die das Pfarramt in dieser Verfassung genoß."

Fliedner verteidigte in dieser Auseinandersetzung, basierend auf seinen Erfahrungen, die er in den reformierten Gemeinden der Niederlande und Englands gemacht hatte, auch seine Grundüberzeugungen, die seine Nähe zu einem reformierten Kirchenverständnis zeigen. Auf Fliedners Initiative hin lehnten das Kaiserswerther Presbyterium und einige andere Gemeinden die neue Agende ab und bezeichneten Folgendes als nicht hinnehmbar: *„1. Die Aufstellung des Kruzifixes in der Kirche, das Kreuzschlagen bei kirchlichen Handlungen und das Kniebeugen bei den Einsetzungsworten des hl. Abendmahles; durch diese Dinge würde bei vielen die Glaubens- und Gewissensfreiheit verletzt, da es dem Heidelberger Katechismus widerspreche und an römische Irrlehren erinnere. 2. Die Aufstellung brennender Lichter auf dem Altar, als einer katholisierenden, ursprünglich aus dem Heidentum stammenden*

Neuerung, und ebensowenig das Halten der in der Agende vorgeschriebenen Sonntagsliturgie ..."

Auch wenn Fliedner lange opponiert und dabei auch fast unbeugsam gegen Teile seiner Amtskollegen stand, wurde die Agende 1835 schließlich verabschiedet. Doch genügend Freiheit blieb für den Pfarrer, so hat er diese Agende selbst offensichtlich so gut wie nie angewandt.

Wie wichtig ihm in diesem Kontext die Frage der Liturgie war, macht seine erste Veröffentlichung klar. 1825 erschien das Büchlein „Liturgische Mittheilungen aus Holland und England, mit Bezug auf die neue preußische Agende", in dem er vor einer Überschätzung der Liturgie warnte und den Predigtdienst stärker in den Mittelpunkt setzte.

In diesem Streit kann man schon Fliedners Haltung gegenüber der verfassten Kirche erkennen, die von Nähe und Ferne gleichermaßen geprägt ist. Denn einerseits sind seine Initiativen auf die Kirche und ihre Stärkung hin ausgerichtet, andererseits sucht er die Unabhängigkeit eigenständiger Organisationen wie der Vereine. Dies macht später auch das Besondere seiner Gründung der ersten Diakonissenanstalt aus.

Wie sehr Fliedner übrigens die Autonomie der Provinzialkirche gegenüber staatlichen und staatskirchlichen Eingriffen am Herzen lag, kann daran erkannt werden, dass der sich in dieser Frage gegen den preußischen König Friedrich Wilhelm III. und dessen Interessen stellte. Gegen jenen König also, der doch in seinen letzten Amtsjahren die Anfänge der Diakonissenanstalt wohlwollend beobachtet und finanziell unterstützt hat.

Die Sorge für die Gefangenen

Die Gemeindearbeit füllt Theodor Fliedner nicht aus – und doch entscheidet er sich, zu bleiben, obwohl ihn scheinbar attraktivere Angebote aus anderen Kirchengemeinden erreichen. Er selbst spricht immer wieder vom Gefühl der Treue, von der Verpflichtung, die er gegenüber seiner Aufgabe in Kaiserswerth und seinen Gemeindegliedern empfindet. Verantwortung für eine in seinem Verständnis ihm von Gott übertragene Aufgabe, dies charakterisiert ihn sicher treffend. Ein Verantwortungsgefühl, welches in Schwierigkeiten und Problemen gewachsen war. Dabei bietet ihm aber die kleine Gemeinde auch viele Chancen: Hier kann er in der kirchlich interessanten niederrheinischen Region wirken, hier kann er sein Amt als Gemeindepfarrer zur Zufriedenheit aller ausüben. Die sorgfältig vorbereiteten Predigten, die intensive Seelsorge – er besucht regelmäßig alle Gemeindeglieder – oder auch sein Engagement in der Jugendarbeit und der Katechese werden allgemein anerkannt. Auch wenn die Zahl der Gemeindeglieder in seiner Amtszeit nicht steigt, wird doch die Intensivierung des Gemeindelebens allenthalben als sein Erfolg skizziert.

Noch einen anderen Vorteil bietet diese Gemeinde: Sie gibt ihm Zeit zu Eigenstudien, zur Ausarbeitung eigener Ideen und Projekte. Gerade nach der Kollektenreise beginnt er, inspiriert durch seine Reiseerfahrung und seine eigene persönliche Entwicklung, strategisch damit.

Während seiner Kollektenreise hatte er in den Niederlanden auch ein vom *Offenbarungsglauben*, so drückte er sich aus, geprägtes frommes Leben vorgefunden, welches er in einer besonderen Verbindung von *Kirchlichkeit, Religiosität, Sittlichkeit und Wohltätigkeit* begründet sieht. Alle diese Bereiche beschäftigen ihn in seiner praktischen Gemeindearbeit. Und hier liegt auch der Schlüssel für seine Impulse für die, wie man im 19. Jahrhundert gerne sagte, „Liebesarbeit", also die Wohltätigkeit. Er beschränkt sich dabei nicht auf erste soziale Hilfsmaßnahmen für seine verarmte Gemeinde, wie etwa die Einrichtung einer Armenkasse. Er wendet sich vielmehr einer anderen Einrichtung zu: *Die Kirche hatte die Gefängnisse vergessen und der Staat nicht minder, soweit er für die geistlichen Bedürfnisse derselben mitzusorgen hatte.*

Theodor Fliedner hat sich auf der Kollektenreise intensiv mit dem Gefängniswesen beschäftigt und auch verschiedene Gefängnisse besucht. Neben dem Rotterdamer Gefängnis lernt er auf seiner Englandfahrt auch Newgate kennen, den Ort, an dem Elizabeth Fry ihre Gefängnisreform hatte realisieren können. Eine erste persönliche Begegnung mit der berühmten Britin, dem „Engel von Newgate", kommt erst später zustande. Das ist wohl einer der Höhepunkte von Fliedners zweiter Englandreise 1832. Und 1840 besucht die Quäkerin Fry auch Düsseldorf und Kaiserswerth und kommt mit Theodor und Friederike Fliedner zusammen. Auch Frau Fliedner ist fasziniert. Tochter Mina Fliedner berichtet später: „Sie trank bei uns Tee, was ich mich sehr gut erinnere. Denn Elisabeth Fry zog ein Fläschchen aus der Tasche und tat sich etwas davon in die Tasse, von dem ich später hörte, es sei Kognak gewesen. Mutter war die liebevolle, freundliche Wirtin." Augenscheinlich war die Quäkerin eine charismatische Persönlichkeit, die Menschen zu faszinieren und zu begeistern wusste. Auch Theodor Fliedner selbst war beeindruckt von der sozialreformerischen Kraft ihrer Arbeit, die aus einem tiefen persönlichen Glauben herauskam. Beeindruckt dürfte er auch davon gewesen sein, dass sich hier eine verheiratete Frau ganz in den Dienst einer Sache zu stellen suchte und dabei durchaus die Spannung zwischen Familie und Berufung, die sie immer wieder spürte, reflektierte. In ihr Tagebuch schrieb sie: „How greatly I desire that all I do, may be done to the glory of God, rather than to may own self-satisfaction." Die Selbstzweifel und die Suche nach einer Vergewisserung des eigenen Weges durch Gebet und Glaube finden sich auch bei Theodor Fliedner.

Zu diesem Zeitpunkt ist seine eigene Arbeit in der von ihm gegründeten Rheinisch-Westfälischen Gefängnisgesellschaft schon fest etabliert.

Bereits 1825, also nur ein Jahr nach seiner Rückkehr nach Kaiserswerth, beginnt der Gemeindepfarrer Fliedner, alle 14 Tage das Düsseldorfer Arresthaus zu besuchen, um dort Gottesdienst zu halten und Seelsorge und Religionsunterricht anzubieten. Dafür nimmt er – in der Regel zu Fuß – den langen Weg von Kaiserswerth nach Düsseldorf auf sich. Seine Beobachtungen im Gefängnis sind ernüchternd. In der Nachschau beschreibt er die Verhältnisse, die er dort erlebte, nüchtern aber noch immer mit einer spürbaren Empörung: *Da war weder Klassifikation, noch geregelte Beschäftigung, auch kein Schulunterricht für die jungen Gefangenen, alles wild und wüst durcheinander, selbst die Geschlechter wenig getrennt, eine wahre Hochschule der Laster und Verbrechen.* Es habe dort nur so weit kommen können, da *die Behörden schliefen.*

So säkular diese Beobachtungen sind und so sehr eine durchgreifende Veränderung im Düsseldorfer Arresthaus angesagt erschien, seine eigene Aufgabe sieht er an einer anderen Stelle: in Predigt und Seelsorge, im Versuch, die Gefangenen durch eine Begegnung mit dem christlichen Glauben zu anderen Menschen zu machen. In einem Bericht stellt er fest: *Nicht anders als wohltätig kann es daher für sie* (die Gefangenen) *sein, wenn man mit ernster Liebe sie in ihr Herz blicken lehrt, ihnen ein klares Bewußtsein von Gottes Heiligkeit und ihrer Strafwürdigkeit gibt, ihren Willen aufs Bessere lenkt und stärkt durch das Wort Gottes.*

Seine erste Predigt hält er am 9. Oktober 1825, über Matthäus 11,28–30. Fliedner spricht missionarisch und aufrüttelnd, er will den Gefangenen Mut machen, aber sie auch zur Umkehr bringen: *Er will euch den Geist der Kinder Gottes geben, daß ihr völlige Gewißheit habt von der Vergebung Gottes in Christo und seiner Gnade ... Und dieser Vater hilft euch in aller Not und läßt jede Versuchung so ein Ende gewinnen, daß ihr es könnet ertragen.*

Um sich ein umfassendes Bild zu verschaffen, bekommt Fliedner auf Nachfrage die Genehmigung, auch die anderen Strafanstalten der Umgebung zu besuchen, etwa Kleve oder Essen-Werden. Überall erlebt er das Gleiche. So findet er *eine furchtbare Unwissenheit, die man in unserem durch Schulen berühmten Preußen nicht erwartet hätte.* Sinnvolle Arbeitsgelegenheiten gibt es so gut wie nicht, die vorhandenen Arbeitsbedingungen sind in jedem Sinne unmenschlich, eine positive Erziehung der Insassen kann er nirgends entdecken. All das fasst er in einem Bericht an die Düsseldorfer Regierung zusammen. Hier kann er knapp feststellen: *Der Hauptzweck aller Gefangenenhäuser ist Besserung.* Um dieses Ziel zu erreichen, fordert er eine bessere Seelsorge durch in den Strafanstalten arbeitende Seelsorger und eine kontinuierliche religiöse Unterweisung (mit Andachten etc.).

Nur, wie sollte dies alles erreicht werden? Fliedner hat offenbar wenig Hoffnung auf den Staat – selbst die erwähnte Eingabe schickt er offensichtlich nicht ab. Er setzt auf Eigeninitiative – heute würden wir wohl von bürgerschaftlichem oder ehrenamtlichem Engagement sprechen – und beschließt, eine Gefängnisgesellschaft zu gründen. Nicht allein sondern mit Hilfe eines evangelischen Netzwerkes. Mit dem Prokurator Eduard Wilhelm Sack und dem Stadtprokurator Wingender, mit dem Unternehmer Peter Göring oder auch dem Düsseldorfer Schulrat Carl Wilhelm Kortüm – um nur einige zu nennen – schreitet er zur Tat; zur Gründung der Rheinisch-Westfälischen Gefängnisgesellschaft. Freilich war dies nicht so einfach, wie er es sich möglicherweise erhofft hatte; man kann in den Handlungsschritten dennoch gleichsam eine Übungsaufgabe für die später erfolgte Gründung der Diakonissenanstalt sehen. Denn auch hier mussten viele Einwände und Widersprüche sowie juristische und sachliche Hürden überwunden werden.

Zunächst tut Fliedner etwas, was er später noch oft machen wird. Er schafft einen Rahmen der Ordnung. Gemeinsam mit Eduard Wilhelm Sack erarbeitet er das „Grundgesetz" der Rheinisch-Westfälischen Gefängnisgesellschaft sowie ergänzend einen praktisch orientierten „Plan der Wirksamkeit". Beides wird dann Grundlage für die Gründung der Gesellschaft am 18. Juni 1826 im Landgerichtsgebäude von Düsseldorf. Trotz der großen politischen Unterstützung, etwa durch die beiden Oberpräsidenten der Rheinprovinz und Westfalens und trotz der großen Hilfe, die auch der Freiherr vom Stein für das Projekt leistet, dauert es sehr lange, bis die Widerstände gegen die Gesellschaft in Berlin überwunden sind und der preußische König die Gründung genehmigt. Fliedner hat übrigens extra im Sommer 1826 den Freiherrn vom Stein auf seinem Alterssitz auf Schloss Cappenberg besucht. Dieser riet dem jungen Pfarrer, die Gesellschaft unbedingt interkonfessionell zu gründen, da der „Mangel einer Teilnahme einer katholischen Geistlichkeit" ein großes Hindernis für die Gesellschaft werden könne. Fliedner und seine Mitstreiter nehmen diesen Rat gerne an.

Das Ziel der Gesellschaft wird klar umrissen: *Der Gegenstand dieser Gesellschaft ist eine mit den Staatsgesetzen übereinstimmende Beförderung der sittlichen Besserung der Gefangenen durch Beseitigung nachteiliger und Vermehrung wohltätiger Einwirkungen auf dieselben, sowohl während der Haft als nach der Entlassung.*

Ist dieses Ziel noch sehr allgemein gehalten – auch humanistisch-aufklärerische Ziele lassen sich hier entdecken – so wird man im Folgenden konkreter und damit christlicher: Die Anstellung von Hausgeistlichen für *jede christliche Konfession* und von Lehrern für den Elementarunterricht werden ebenso genannt wie die *Klassifikation* also die Aufteilung und Betreuung der Gefangenen nach Straftaten, Alter und Geschlecht; außerdem die Bibelverbreitung. Und schließlich, dies soll für Theodor Fliedner noch wesentlich werden, die *Entlassenenfürsorge: Den Entlassenen wird sie Quellen ehrlichen Erwerbes zu eröffnen und sie in angemessene Verhältnisse zu bringen suchen, um hierdurch, sowie durch Aufsicht christlich gesinnter Menschen den Rückfällen zu neuen Vergehen möglichst vorzubeugen.* Dies wird später auch für die jungen Mädchen im Kaiserswerther Asyl geschehen, denen man eine Ausbildung in Handarbeiten und Hausarbeit geben will, um sie dann in einfache Arbeitsverhältnisse zu vermitteln.

Die Gründung der Gefängnisgesellschaft erweitert Fliedners Tätigkeitsfeld enorm. Als deren Sekretär übernimmt er zunächst einen großen Teil der praktischen Arbeit, allein die Korrespondenz ist beeindruckend. Übrigens macht sich

Fliedner hier wie bei all seinen Gründungen immer selbst zum Sekretär, wir würden heute sagen: zum Geschäftsführer mit umfänglichen Vollmachten. Viele Reisen unternimmt er, um die Gesellschaft bekannt zu machen, um weitere Unterstützung zu erhalten, um weitere Informationen in Holland und England einzuholen, um Inspektionen in den Gefängnissen des Rheinlands durchzuführen und um Zweig- und Töchtervereine, die die Arbeit vor Ort machen sollten, zu gründen oder zu besuchen. Hier lernt der spätere Diakoniemanager konkret das Handwerk des Führens und Verwaltens, des Spendensammelns und des Organisierens. Und er baut ein Netzwerk der Unterstützer und Freunde auf, das ihm später noch zugutekommen wird. Seine Kontakte zu staatlichen Stellen und zu einflussreichen Personen in Kirche und Gesellschaft sichern den Erfolg der Gefängnisgesellschaft. Daran wird aber auch deutlich, wie gut sich Theodor Fliedner im Interesse seiner Ziele mit unterschiedlichen Gruppen positiv verbinden konnte. Dazu gehörte auch schon das preußische Königshaus – hier knüpfte er bereits 1827 die ersten Verbindungen.

Will man das Zeichenhafte der Arbeit Theodor Fliedners in der Gefängnisgesellschaft verstehen, so muss man die missionarische Dimension betonen. Die im Gefängnis tätigen Geistlichen hätten *das Amt eines Missionars … indem sie Menschen von meistens heidnischer Unwissenheit und Lebensweise zu wahren Christen zu bilden haben*, stellt er fest. An anderer Stelle kann er gar von einer *inländische(n) Missionssache* sprechen, eine Arbeit, die für ihn biblisch begründet ist. Leitend ist für ihn Matthäus 25,36: „Ich bin im Gefängnis gewesen und ihr seid zu mir gekommen."

Der Ehemann

Seit seiner Ankunft in Kaiserswerth wird Fliedner durch seine Familie im Haushalt unterstützt und kümmert sich um Geschwister und Mutter – in Kaiserswerth oder Eppstein. Besonders seine Schwester hilft in Haus, Garten und Gemeinde. Dieses Arrangement bringt für alle Seiten Vorteile. Fliedner, der sich für die Familie verantwortlich fühlt, erhält Unterstützung und seine Familie wird gut versorgt. Auf die Dauer konnte dieses Modell aber nicht tragfähig sein. Mit der materiellen Sicherheit eines ausreichenden Pfarrergehaltes und den wachsenden Anforderungen, die die Gemeindearbeit und die wohltätigen Projekte stellen, wächst auch der Wunsch in ihm, eine eigene Familie zu gründen. Nach eigener Aussage ging er die Suche nach einer passenden Ehefrau strategisch an: *Ich konnte eine Frau jetzt gut ernähren, und mit einer Pfarrfrau rechter Art konnte ich auch besser für meine Gemeinde wirken.*

Eine reiche Frau sollte es übrigens für Fliedner nicht unbedingt sein, auch *wenn die Aussicht, mit Geld viel Gutes andern tun zu können*, für ihn persönlich nicht zu verachten ist. Denn bei einigen Amtsbrüdern, die reich geheiratet hatten, kann er entdecken, dass diese dann *nicht eifriger, geworden waren, Gutes zu wirken, ach nein, alle teils träger menschengefälliger, weltförmiger, genußsüchtiger, teils noch habgieriger dazu.* Ein sehr nüchtern distanzierter Blick auf Geld und Vermögen ist das für jemanden, der sich durchaus in wohlhabenden Kreisen zu bewegen wusste und diese erfolgreich spenden ließ.

Nach längerer Suche und einer erfolglosen Brautwerbung, die unter anderem daran scheiterte, dass die Eltern der ausgesuchten Braut Fliedner als einen „Pietisten" ablehnten, hat der „Herr" ihm aber, wie er sagt, eine *passende Gehilfin zubereitet, ganz in meiner Nähe, ohne mein Wissen.*

Im Kontext seiner Arbeit für die Gefängnisgesellschaft, für die er eine weibliche Pflegerin sucht, lernt er 1827 Friederike Münster aus Braunfels kennen. Beide heiraten am 15. April 1828 in Oberbiel. Am 26. April, nach einer Fahrt zu Fliedners Mutter, zieht Friederike Fliedner in das Kaiserswerther Pfarrhaus ein. Eine 14 Jahre dauernde glückliche, konstruktive, von Höhen und Tiefen begleitete Ehe beginnt. Zwischen beiden, gleichaltrig und nicht sehr weit voneinander entfernt aufgewachsen, entwickelt sich in der Ehe eine tiefe und innige Verbindung und Partnerschaft.

Friederike Münster, am 25. Januar 1800 als Tochter des Lehrers Andreas Münster in Braunfels bei Wetzlar geboren, wächst in einer reformierten Gegend auf – ein Unterschied zum lutherischen Erbe des Ehemanns. Der Vater wird als ebenso strebsam und aufstiegsorientiert wie rechthaberisch beschrieben, was ihm später persönlich zum Verhängnis werden sollte. Während Fliedner mit 13 Jahren den Vater verliert, muss Friederike mit 16 Jahren den Tod der Mutter Luise Philippine Münster geborene Hartmann beklagen. Sie versorgt den Haushalt für die sechs Geschwister und pflegt die Großmutter. Der Umzug der Familie nach Altenberg, wo der Vater eine neue Stelle bekommt und im Dezember 1817 erneut heiratet, macht ihre Stellung in der Familie schwierig; ein Auszug ist unausweichlich.

Ein Ausweg bietet sich für sie schließlich erst 1826, als sie sich dem Grafen Adelberdt von der Recke-Volmerstein, der in Düsselthal eine „Rettungsanstalt für verwaiste und verwahrloste Kinder" unterhielt, als unbezahlte Mitarbeiterin anbietet. Ein wichtiger Motor für diesen Schritt kann in ihrer eigenen religiösen Entwicklung gesehen werden. 1824 und 1825 war es in Braunfels und Umgebung zu einer kleineren religiösen Erweckung gekommen, ausgelöst durch zwei Missionare der Basler Christentumsgesellschaft, Ludwig Göbel und Immanuel Traub. Diese hatten sich auf den Weg gemacht, um in Russland zu missionieren. Auf diesem Weg kommen sie im Winter 1824/25 durch Braunfels und Umgebung. Friederike ist fasziniert und innerlich berührt durch die Predigten – die Begegnung wird zu einem Wendepunkt in ihrem Leben. Die Glaubensstärke und das Gottvertrauen der beiden jungen Männer beeindrucken und prägen Friederike sehr. Sie beginnt in dieser Zeit, ein eigenes Tagebuch zu führen, vielleicht vergleichbar mit Theodors Selbstprüfungsaufzeichnungen. Dieses Tagebuch sei ein Zeugnis für Friederikes „eigenwillige Frömmigkeit", wie ihre große Bewunderin und Biografin Anna Sticker einmal geschrieben hat. Dazu gehören auch der Zweifel an der eigenen Glaubensstärke und die Überzeugung von der eigenen Fehlerhaftigkeit oder Unzulänglichkeit. Stärker noch als der über seine eigene Schwachheit klagende Fliedner und abstrakter und allgemeiner beschreibt sie ihre eigenen Grenzen: „Wie lau, wie kalt, wie voller unnützer schädlicher Gedanken, so bin ich armer schwacher Mensch immer derselbe, schnell zum bösen, langsam zum guten."

Die Bibel ist die alles bestimmende Richtschnur ihres Lebens. Sie gibt ihr Kraft und Orientierung. Die eigenen Leidenserfahrungen kann sie im Lichte der biblischen Botschaft als Zeichen dafür deuten, dass sie ganz im Vertrauen auf Gott leben und sterben darf: „Ach, Du verlässt uns nicht, obgleich wir dich verlassen." Wie auch für Theodor Fliedner ist Heiligung das Ziel ihres Lebens – das Leben ganz Christus zu widmen. Und weil die Menschen dies nicht schaffen, sind für sie „Züchtigungen", Erfahrungen des Leides, Zeichen der Zuwendung und der Erinnerung an das unerschütterliche Bündnis Gottes mit den Menschen. So kann Friederike nach dem Tod ihrer Tochter Julie 1834 schreiben: „Der Herr schenke mir großen Frieden, große Ruhe. Ich konnte beten: Herr, laß mich nicht wie eine neidische Mutter meinem Kind nachsehen, sondern gib, daß ich ihm von ganzem Herzen das schöne Plätzchen gönne, das du ihm bereitet hast."

Friederike will sich die „Zeugen und Bekenner" zum Vorbild nehmen – viele Jahre später wird Theodor Fliedner ein umfassendes „Buch der Märtyrer" mit Zeugnissen eines gelebten und erlittenen Glaubens herausgeben. Und was macht ein solches Leben aus? *Selbstverleugnung, Demut, Gehorsam, Glaube und Liebe* – die darin zugleich spürbare Strenge und die hier angelegte mögliche Überforderung des einzelnen Menschen; sie wird auch ein wesentliches Element der Diakonissenanstalt, die das Ehepaar Fliedner einige Jahre später gründet.

Vor der Ehe macht aber Friederike zunächst knapp zwei Jahre erste berufliche Erfahrungen in Düsselthal. Hier prägt sich ihre eigene Frömmigkeit angesichts der praktischen Arbeit mit Kindern weiter aus, hier begegnet sie pädagogischen Ideen, die für die Ausrichtung der Diakonissenanstalt weiter tragen sollen, hier wird sie Teil des erwecklichen Netzwerkes des Niederrheins.

Wenn auch die Arbeit mit den verwahrlosten Kindern Friederike Münster eine große innere Befriedigung bringt, so führen doch Konflikte mit dem Grafen und seiner Frau Mathilde 1827 zur Trennung; der durchaus militärische Ton, der in der Rettungsanstalt herrscht, missfällt Friederike sehr. Noch in der schwierigen Phase der Umorientierung – was sollte eine nicht mehr ganz junge unverheiratete Frau, die nicht in das Elternhaus zurückkonnte, tun? – bekommt sie von dem Kaiserswerther Pfarrer Theodor Fliedner, der ihre Arbeit in Düsselthal offensichtlich beobachtet hatte, am 14. Januar 1828 einen Brief, in dem er ihr die Ehe anbietet. Die beiden kennen sich schon einige Monate aus der Gefängnisgesellschaft. Fliedner suchte dort eine Betreuerin für die weiblichen Gefangenen des Düsseldorfer Arresthauses – eine Position, die sie ohne Einwilligung der Eltern schwerlich annehmen konnte. Zu der Zeit arbeitete sie notgedrungen bereits beim Geheimrat Jacobi in Düsseldorf als Erzieherin für die Kinder – eine Stelle, die sie ihren guten Kontakten verdankte, die aber kaum von Dauer sein konnte. Sicherlich weiß Theodor Fliedner von der persönlichen Situation Friederikes, als er um ihre Hand anhält. Es ist ein berühmter, vielleicht auch berüchtigter Brief – seitdem vielfach zitiert – und er ist nicht nur für unsere Gegenwart ungewöhnlich, sondern war es auch damals. Fliedner bemüht sich nicht so sehr um einen werbenden und einladenden Ton – den beherrscht der Spendensammler durchaus auch. Nein, er schildert sachlich seine Erwartungen an die künftige Ehefrau, die ihn als *Herr(n) im Haus* zu akzeptieren habe und die sein Engagement, besonders für die Gefängnisgesellschaft mitzutragen habe. Er spricht weniger von den Hoffnungen und Erwartungen, die er an seine Frau stellt, sondern viel mehr und intensiver von sich selbst. Einleitend betont er, dass er eine *Verehrung* und *innige Neigung und Liebe zu Ihnen in meinem Herzen* spüre, die er als *Gnaden-*

führung seines Geistes versteht. Das Leben an seiner Seite, das Leben als eine Pfarrfrau, ist für ihn offensichtlich Berufstätigkeit und Berufung zugleich; es gebe eigentlich keine *schönere irdische Aussicht, als in einem so anstrengenden Pflichtenkreis ... sich Stärkung zu holen.* Mutter und Pfarrfrau – so war die Erwartungshaltung. Demut und Selbstverleugnung, sollten der innere Kompass der zukünftigen Frau Fliedner sein, wenn man dem Brautbrief folgt. Seine gemeindlichen und diakonischen Tätigkeiten würden dazu führen, dass er *der Gattin daher nicht das werde geben können, was jeder andere Pastor seinem Haus. Und doch darf ich von diesem Missionsberuf nicht lassen, falls der Herr mich länger darin zu arbeiten würdigen sollte. Für ihn zu arbeiten ist Seligkeit, und ich muß gestehen, wenn Pflichten gegen den Herrn in Kollision kommen, so ist es sowohl göttliches Gebot als auch mein ernster Vorsatz, den letzten Pflichten die anderen nachzusetzen und somit des Apostels Meinung zu erfüllen: Die da Weiber haben, daß sie seien, als hätten sie keine.* Dennoch könne sie innerhalb der Gemeinde einen nach seinem Verständnis wunderbaren Beruf als Pfarrfrau erhalten.

Nur zwei Tage später antwortet Friederike, ebenso klar wie eindeutig und getragen von großer Glaubensstärke: *„Gläubig kann ich ihre Hand annehmen, obgleich ich mich derer nicht wert halte, und meine Seele ist voll Lobens und Dankens gegen den, der mich so wunderlich geführt. Ich weiß weiter nichts, als daß ich nicht Wert bin aller Barmherzigkeit, die Gott an mir getan hat und noch tut."*

Trotz aller Pragmatik und Sachlichkeit, die den Briefwechsel ausmacht und die auf eine Arbeitsehe schließen lassen könnte, ist die Ehe von Emotionen und Liebe geprägt; ganz im Rahmen der Möglichkeiten der Eheleute. Von Friederike Fliedner sind Äußerungen überliefert, die zeigen, dass sie offensichtlich romantischere, innigere Vorstellungen von der Ehe hatte. Theodor wiederum kann seine

Hochschätzung dadurch zeigen, dass seine Frau später zum Prototyp und Vorbild für die Diakonissen wird. Schnell kommt es zur Trauung. Ende April, nach einem Aufenthalt bei den Eltern, zieht Friederike in das Pfarrhaus in Kaiserswerth ein. Die Rollen sind klar verteilt: Fliedner kümmert sich um die Gemeinde, die Gefängnisgesellschaft und geht auf Reisen, Friederike versorgt den Haushalt und die rasch wachsende Familie.

Im Februar 1829 wird zunächst ein Junge tot geboren, er bleibt namenlos. Am 23. April 1830 kommt mit Luise das erste Kind in das Pfarrhaus. Kinder sind auch Friederikes Schicksal. Allein 1841, noch immer steckt die Diakonissenanstalt in den schwierigen Anfangsjahren, muss sie zwei ihrer Kinder zu Grabe tragen – und ihr Mann ist rastlos auf Werbereise, zwischen 70 und 100 Tage im Jahr. Auch sie selbst reist mehrfach, um Diakonissen in auswärtige Stationen zu bringen, zum Beispiel nach Kreuznach, Saarbrücken oder Kirchheim/Teck.

Friederike Fliedner stirbt jung, am 22. April 1842 bei der Geburt ihres zehnten Kindes, auch dieses ist tot und bleibt, wie das Erste, namenlos. Die quasi doppelte Mutterschaft als Ehefrau und Vorsteherin und die vielen Belastungen, denen sie ausgesetzt war und die sie mit Glaubensstärke, Mut und Gottvertrauen alle angenommen hat, waren zu viel für sie.

Die Bemerkungen zum Familienmenschen und Ehemann Theodor Fliedner dokumentieren, wie stark sich bei den Fliedners die eigene Lebensgeschichte und die Geschichte der Diakonissenanstalt verbinden. Es war ein gemeinsames Projekt, welches zwar im Sinne einer Geschlechterhierarchie geführt wurde, in dem aber gleichwohl die Ehefrauen – denn dies gilt im gleichen Maße auch später für Caroline Fliedner – konstitutiv und stilbildend für die Arbeit waren. So besaß auch Friederike nicht allein die ökonomische Führung des Mutterhauses nach innen, sie hatte zugleich auch die Rolle der Erzieherin und Mutter für die eintretenden Diakonissen und für die Betreuung und Pflege der Schutzbefohlenen. Gerade die tiefe Frömmigkeit, der Glaube an den guten, rettenden „Heiland", war prägend für die sich bildende Schwesterngemeinschaft. Silke Köser resümiert zum Tod Friederikes: „Ihre persönliche Frömmigkeit in ihrer janusköpfigen Gestalt zwischen Selbstverleugnung und erfahrener Gnade wurde zum Leitbild der ersten Schwesterngeneration und prägendes Element für die gesamte Mutterhausdiakonie." Dabei ist freilich zu berücksichtigen, dass Friederike Fliedner gerade im 20. Jahrhundert zu einer Vorbildfigur wurde, dass sie im 19. Jahrhundert jedoch hinter der zweiten Vorsteherin Caroline zurücktrat.

Der Anfang
der Kaiserswerther Liebesarbeit

Als erstes gemeinsames Projekt der Eheleute Fliedner kann die im Herbst 1833 begonnene Asylarbeit betrachtet werden; sie wird als die *Mutter aller unserer Anstalten* bezeichnet. Die Arbeit beginnt in und um das für die Kaiserswerther Gedächtniskultur so wichtige Gartenhaus.

Obwohl die Geschichte, dass dort die Arbeit mit strafentlassenen weiblichen Gefangenen begann, eher eine die Fantasie anregende Ausschmückung einer im Kern wahren Geschichte ist, eignet sie sich doch vorzüglich für die werbewirksame Darstellung der Arbeit. Zumal man das Haus bis heute in Kaiserswerth besuchen und besichtigen kann. Das biblische Bild vom „Senfkorn" (Matthäus 13,31 f.) wird übertragen auf ein kleines, bescheidenes Steinhäuschen, welches man nicht beheizen kann. Von dort aus beginnt eine schließlich internationale soziale und missionarische Arbeit. Man darf vermuten, dass der geniale Spendensammler Theodor Flieder hier schon früh das Gespür für eine die Idee tragende Geschichte entwickelt hat, für eine Geschichte, die dann auch noch eine biblische Entsprechung hat. Denn nachdem Fliedner zunächst 1841 beziehungsweise 1856 kurz das Gartenhaus im Zusammenhang mit der Errichtung des Asyls erwähnt hatte, gestaltete er 1858 aus Anlass des 25-jährigen Bestehens des „Evangelischen Asyls für weibliche Angestellte" seine Darstellung plastisch aus: ... *Sie* (d.i. Mina Enders, die erste „Asylistin") *wurde im damaligen Gartenhause des Unterzeichneten einquartiert, weil sonst kein Raum da war. Tags über wurde sie in dem einen Lokale, aus dem das Haus bestand, beschäftigt, Nachts stieg sie die Leiter auf den beschränkten Söller des Gartenhauses.* Romantisch sieht es auf dem Bild aus, Mina Enders, die Kleinkriminelle, steigt zum eigenen Schutz und zum Schutz der Bewohner Kaiserswerth in den Dachboden, wo sie nachts schlafen sollte. Tagsüber wurde sie in Handarbeiten unterrichtet und half unter Aufsicht bei der Hausarbeit mit. In dieser Zeit dürfte Fliedner zu der Erkenntnis gekommen sein, wie nützlich die Gartenhaus-Geschichte für das Werk sein kann.

Doch zurück zu den wirklichen Anfängen in Kaiserswerth. Bisher hatte der Gemeindepfarrer seine Aktivitäten neben dem Kaiserswerther Pfarramt auf Düsseldorf und Umgebung konzentriert, auf jeden Fall außerhalb der kleinen und armen Gemeinde. Nun stand im Frühjahr 1833 die Frage an, wo ein von der Gefängnisgesellschaft geplantes

Asyl für evangelische Strafentlassene Frauen eingerichtet werden sollte, denn die Sorge für die Entlassenen hatte man ja als wichtige Aufgabe der Gesellschaft bezeichnet. Übrigens plante man auch ein katholisches Haus. Nachdem es Fliedner nicht gelungen war, eine Nachbargemeinde (z. B. Mettmann) zu finden, entschloss er sich im Juli 1833, ein solches Asyl in Kaiserswerth zu gründen. Eine Entscheidung wie diese kann nicht ohne Unterstützung fallen. Hier ist besonders der Baron von Hymmen zu nennen, der in der Kirchengemeinde wohnte. Brauchte Fliedner auch aus der Kirchengemeinde keinen Widerstand gegen seine Pläne zu befürchten – bei der katholischen Wohnbevölkerung sah dies anders aus – so ist doch die Fürsprache Hymmens ebenso wichtig gewesen wie die tatkräftige Hilfe seiner Frau. Es musste eine Leitungspersönlichkeit gefunden werden und Friederike war es, übrigens nicht nur in diesem Fall, die aus ihrem persönlichen Netzwerk heraus den entscheidenden Hinweis auf eine geeignete Person gab. Denn klar war, dieses Asyl brauchte eine eigenständige Leitung – finanziert möglichst von der Gefängnisgesellschaft und überwacht und angeleitet von Theodor Fliedner. Es ist Catharina Göbel (1788–1855), eine Jugendfreundin Friederikes und Cousine des Missionars Ludwig Göbel. Sie sollte zur ersten Mitarbeiterin des Kaiserswerther Konzerns werden – und gehörte doch zur Familie Fliedner, in deren Haushalt sie zeitweise lebte. Als sie nach Kaiserswerth kam, war sie schon über 40 Jahre alt und lebte von einem kleinen Erbe. Zu dem mutigen Aufbruch in eine eigene Berufstätigkeit musste sie von ihrer Freundin sehr überredet werden. Während Katharina Göbel für die Aufsicht und Betreuung der sogenannten „Asylistinnen" tätig wird, setzt Fliedner einen organisatorischen und inhaltlichen Rahmen durch Regeln und Instruktionen – und kann damit wiederum ganz die Stärke seiner Fähigkeit dazu dokumentieren. Denn damit gelingt es ihm, einen Rahmen zu schaffen, der weit über Kaiserswerth hinaus wirken sollte. Neben einer regionalen Beschränkung auf den Regierungsbezirk Düsseldorf sowie einer Beschränkung auf Frauen, die ohne ansteckende Krankheiten und arbeitsfähig sind, wird ein Prinzip zentral: Für Fliedner ist das Asyl *keine Zwangsanstalt* – das Prinzip der Freiwilligkeit steht an erster Stelle. Die Frauen sollten aber auch erklären, *daß sie sich in die Ordnung des Asyls schicken, darin fleißig arbeiten und sich ordentlich aufführen wollen, und den Dienst oder das Unterkommen annehmen wollen, das man ihnen ausmittelt, weil man widrigenfalls sie aus dem Asyl fortschicken und ihnen niemals mehr Hülfe leisten würde.*

Man kann von drei pädagogischen Prinzipien sprechen, die Fliedner im ersten Jahresbericht des Asyls festlegt: *Beständige Beschäftigung* – durch Handarbeiten, Haus- oder Gartenarbeit sollen die Frauen an Arbeit gewöhnt werden; *Fortwährende Aufsicht und Zucht* – also ganz enge Überwachung der Schutzbefohlenen, die sich Lockerungen erst verdienen müssen; *Geistige Pflege* – also Religionsunterricht, regelmäßige Gottesdienste und Andachten, gemeinsame Lektüre und allgemeinbildender Unterricht, teilweise gegeben von Fliedner selbst. Die Frauen sollten eigentlich nur wenige Monate im Asyl bleiben, das seit Dezember 1833 im ehemaligen lutherischen Pfarrhaus neben der Kirche untergebracht war. Zusätzlich achtete Fliedner darauf, dass nicht zu viele Frauen aufgenommen wurden; in den Anfangsjahren waren es wohl meistens unter zehn Frauen, die gleichzeitig dort waren und die dann in Pflegefamilien weitervermittelt werden sollten, so jedenfalls die Theorie. Und die Praxis? Nun, manche Frauen blieben länger, manche kamen von weiter her – da wurden die Instruktionen gerne mal außer Kraft gesetzt. Auch der Erfolg der pädagogischen Hilfsmaßnahmen sollte nicht immer eintreten. In den ersten Jahren wird berichtet, dass die Hälfte der Frauen die

Rettende Hand des Asyls angenommen hätten, die anderen aber wieder *auf den alten Weg der Sünde zurück* geraten seien. Einen verschlungenen Weg ist wohl auch Mina Enders gegangen, die als erste „Asylistin" in Kaiserswerth in der Mutterhausdiakonie eine gewisse Berühmtheit geworden ist. Sie wurde von Katharina Göbel als erste Frau in Kaiserswerth betreut, wurde aber zwei Jahre nach der Entlassung wieder rückfällig und in Werden wegen Diebstahls zu fünf Jahren Haft verurteilt. Danach aber heiratete sie und hat, nach allem, was wir wissen, ein straffreies Leben geführt. Enttäuschungen waren von Beginn an auch in Kaiserswerth an der Tagesordnung.

Doch dieser kleine Arbeitsbereich sollte nur der Beginn einer dann einsetzenden sozialdiakonischen Arbeit des Ehepaars Fliedner sein. War im Falle des Frauenasyls – sowie der im Frühjahr 1836 eingeweihten Kaiserswerther Kleinkinderschule – die Rolle Friederike Fliedners noch die der mithelfenden Pfarrfrau, sollte sich dies mit der Gründung der Diakonissenanstalt ändern.

Dabei sind die Jahre zwischen 1833 und 1836 so etwas wie die Zeit der Vorbereitung und des Werdens, eine Zeit, die man vielleicht salopp mit der Zeit einer Schwangerschaft vergleichen kann. In diesen Jahren ist noch nicht klar, wohin sich die Fliednerschen Ideen entwickeln werden, was erfolgreich sein wird, was nicht, wovon Fliedner sich wieder zurückziehen wird oder nicht. Friederike Fliedner, die ihren Mann in seinen Aktivitäten unterstützt und berät, fasst den Motor und die Gewissheit für alles, was man tat, so zusammen: „Der Herr wird für alles geben, was not ist. Denn alles ist Sein."

Wenn auch im Nachhinein das Kaiserswerther Sozialwerk als ein planvoll entstandenes und der strategischen Überlegenheit des Gründers geschuldetes erscheinen mag, so stellt sich die damalige Lage bei näherem Hinsehen differenzierter dar. Schwerpunkte sind nicht immer klar zu erkennen, eher das durchlaufende Motiv des Willens zur Hilfe, des Angesprochenseins durch konkrete Notlagen, des Angerührtseins durch die religiöse und soziale Not der Mitmenschen und Mitchristen. Dazu tritt ein Zweites bei Theodor Fliedner, die Bereitschaft und Offenheit, Gesehenes, Erlebtes und Erlesenes selbst auszuprobieren und anzuwenden. Der Pragmatiker und Praktiker, der effiziente Organisator, saugt die Ideen anderer gerne auf, wendet sie an und passt sie an. War er ein Plagiator? Wohl kaum; nicht nur weil Fliedner immer durchaus offen mit der Tatsache umging, gute Ideen anzuerkennen und nachzuahmen, sondern auch weil es ihm immer wieder gelang, eigene Akzente zu setzen. Wo dies nicht gelang, zog sich Fliedner übrigens schnell wieder aus der Arbeit zurück. Das gilt etwa für seine Unterstützung der Mission und der Diasporaarbeit. Für die kleine Gemeinde „Karlshuld" auf dem Donausmoos in Bayern oder aber für die Protestanten im Zillertal (Tirol) hingegen war die Unterstützung durch Theodor Fliedner und seine Freunde sicher wesentlich. Immerhin erlaubt uns heute die von Fliedner mit seinem Freund Wilhelm Leipoldt herausgegebene Predigtsammlung „Ein Herr, Ein Glaube" zu Gunsten der bedrohten evangelischen Christen in Karlshuld einen Einblick in das beachtliche religiöse Netzwerk des Pfarrers einer kleinen Diasporagemeinde am Niederrhein. Doch in Kaiserswerth war diese Diasporarbeit nicht nachhaltig; andere Fragen waren drängender.

Dabei lässt sicher immer wieder feststellen, wie Fliedner Kaiserswerth einerseits als Heimatbasis nutzte, andererseits aber sehr bewusst die Grenzen der Kirchen- und Kommunalgemeinde überschritt.

Dieses Muster können wir auch bei der vor 1836 einsetzenden Arbeit für die Kleinkinderschulen beobachten.

Im April 1834 berichtet Friederike Fliedner ihrer Freundin Amalie Focke (1802–1872), die in Berlin lebt und dort auch kirchliche Projekte unterstützt: „An der Gründung der Kinderschule und Krankenpflege nimmt Fliedner den innigsten Anteil." Gerade pädagogische Fragen interessierten ihn. Auf den Kollektenreisen hatte er die berühmte Kleinkinderschule von Wilderspin in Spitalfield besucht und im Umfeld der Arbeit für die Gefängnisgesellschaft war er auf die Notwendigkeit einer guten Erziehung sozusagen automatisch gestoßen. Er sieht in Düsseldorf *eine Menge Eltern, welche durch ihren Broterwerb, durch Fabrik- und andere Arbeit, den größten Teil des Tages außer dem Hause zubringen müssen, oder durch strenge Berufsarbeit im Hause von der Pflege und Beaufsichtigung ihrer Kinder abgezogen werden, sodaß diese die meiste Zeit sich selbst überlassen bleiben.* Hier sollte, nicht in Konkurrenz zur Familienerziehung, sondern in Ergänzung dazu, eine Kleinkinderschule helfen. Wie auch bei der Gefängnisgesellschaft findet die Gründung eines „Ausschuß zur Errichtung einer evangelischen Kleinkinderschule" im März 1835 in Düsseldorf statt. Fliedner ist hier wieder die treibende Kraft und bereit, als Sekretär die Organisation und Verwaltung zu übernehmen; eine Rolle, die er schon kennt. Doch gelingen kann dies nur, wenn es auch Menschen gibt, die ihr Netzwerk, ihr Engagement und ihre Verbindungen und nicht zuletzt wohl auch Spenden zur Verfügung stellen: Personen, die immer wieder auftauchen, wie der Baron von Hymmen oder auch Regierungspräsident Graf Anton von Stolberg-Wernigerode. Gerade letzterer nimmt für den späteren Erfolg Fliedners eine Schlüsselrolle ein, hat doch der von der Erweckungsbewegung geprägte preußische Spitzenbeamte in seiner Düsseldorfer Zeit nicht nur die Diakonissenbewegung unterstützt. Wie gut die Netzwerke funktionierten, kann auch daran deutlich werden, dass Stolberg-Wernigerode später noch diakonische

Initiativen in Schlesien unterstützt hat. Außerdem wurde seine Tochter Anna, die Kaiserswerth als Jugendliche kennen gelernt hatte, später Oberin im Diakonissenhaus Bethanien in Berlin.

Nachdem man in Düsseldorf so schnell, durch einen Verein, eine solche Kleinkinderschule für Kinder zwischen dem vollendeten zweiten Lebensjahr und der Einschulung eingerichtet hatte, folgte auch eine solche in der eigenen Gemeinde. Im Oktober 1835 öffnete die Kaiserswerther Kleinkinderschule, wiederum im Gartenhaus und finanziert durch eine Gemeindekollekte. Unter der Leitung von Henriette Frickenhaus und unterstützt von Friederike Fliedner kann sich diese Schule, die später in die Küsterwohnung umzieht, schnell etablieren – nun gibt es mit Mädchensayl und Kleinkinderschule schon eine kleine „Anstalt" in Kaiserswerth.

Der Diakonissenvater

So begann das Diakonissenhaus ohne Diakonissen. Diese scheinbar widersinnige Tatsache berichtet Theodor Fliedner 1856 in einer historischen Darstellung der Ent-

stehungsgeschichte; mit einem sicher feinen Gefühl dafür, was den Leser interessiert und was man sich merken kann. Hinter dieser Aussage verbirgt sich eine komplexe und langwierige Entstehungsgeschichte. Es verbirgt sich darin aber auch ein Hinweis darauf, dass im Herbst 1836 in keiner Weise klar war, was denn überhaupt mit einem Diakonissenhaus gemeint war und was sich aus diesem neuen Element im kleinen Kaiserswerther Anstaltskosmos noch entwickeln konnte.

Der 13. Oktober 1836 ist der eigentliche Gründungstag der Kaiserswerther Diakonissenanstalt. An diesem Tag ziehen, wie Fliedner berichtet, zwei *Jungfrauen ins Haus und richteten den unteren Stock für sich und einige Kranke ein*. Es sind Catharine Bube, die in Kaiserswerth Kleinkinderlehrerin werden will und im Hause Fliedner als Kindermädchen half, und Albertine Pieper aus Düsseldorf, die nie in die Anstalt eintreten soll. Am 16. Oktober wird der erste Kranke aufgenommen und am 20. Oktober kommt schließlich Gertrud Reichardt aus Ruhrort, einer damals selbständigen Stadt, die heute zu Duisburg gehört – die „erste Diakonisse der Neuzeit", wie es bis heute heißt.

Aus der Perspektive der Nachgeborenen beginnt damit eine lange und erfolgreiche Geschichte. Versuchen wir uns hingegen in die Perspektive der Eheleute Fliedner und des Unterstützungsnetzwerkes hineinzudenken, so war es wohl eher ein großes Wagnis, ein Wechsel auf die Zukunft, konsequent eingegangen in einer langen Abfolge von Überlegungen und Gründungen.

Was erwartet Gertrud Reichardt, auf welches Risiko lässt sie sich ein? Um diese Frage zu beantworten, müssen wir noch einmal ein wenig zurückblicken; mindestens bis in das Jahr 1833, eigentlich aber in Fliedners erste Gemeindejahre, oder aber auch, wenn man historisch vorgeht, in die apostolische Zeit.

Nimmt man die Studie von Paul Philippi von 1966 über die „Vorstufen des modernen Diakonissenamtes 1789–1848" zur Hand, so beginnt das Nachdenken über ein weibliches Amt in Kirche und Gemeinde 1791 mit dem Elsässer Johann Friedrich Oberlin (1740–1826), also praktisch zur Zeit der Französischen Revolution. Ob jedoch Fliedner diesen Entwurf kannte, ist zweifelhaft. Für ihn wesentlicher sind die Gedanken, die gerade am Niederrhein über das Amt der „Diakonissin" niedergeschrieben wurden. Hatte Fliedner selbst schon im Kontext seiner Kollektenreise die berühmte Schrift seines Amtskollegen Franz Klönne positiv aufgenommen, so intensivierte sich die Debatte um Aufgaben einer Diakonissin in der Gemeinde ab Spätherbst 1833 nach der Gründung des Mädchenasyls maßgeblich – bei Fliedner und im protestantischen Netzwerk der Erweckungsbewegung.

Schon 1830 hatte der Freiherr vom Stein, zu dem Fliedner guten Kontakt hatte, gegenüber Ernst von Bodelschwingh (übrigens der Vater von Friedrich von Bodelschwingh) den Wunsch und die Erwartung geäußert, „in der protestantischen Kirche eine der barmherzigen Schwesternschaft ähnliche Einrichtung begründet zu sehen." Auch die Hamburgerin Amalie Sieveking war mit diesem Wunsch konfrontiert worden. Konkrete Konsequenzen hatte das nicht gehabt; immerhin aber konnte ihr „Verein für Weibliche Krankenpflege" als ein erster Ansatz einer Umsetzung der Idee angesehen werden. Die Idee eines Krankenpflegeordens, der jungen Frauen die Möglichkeit einer Berufstätigkeit geben konnte, schien auf der Hand zu liegen. So wurde auch Fliedners Düsseldorfer Nachbar, Graf Adelberdt von der Recke-Volmerstein, der ehemalige Chef seiner Frau Friederike, aktiv. Er brachte 1835 sogar eine Zeitschrift heraus mit dem treffenden Titel: „Die Diakonissin, oder Leben und Wirken der Dienerinnen der Kirche für Lehre, Erziehung und Krankenpflege".

Der Graf machte konkrete Vorschläge zur Bildung eines „Diakonissenstiftes" in Düsselthal, entwickelte Arbeitsfelder für die Frauen und recht konkrete Vorstellungen für die Ausgestaltung eines solchen missionarischen Ordens, mit denen er sich an den preußischen König wandte. Es ist sicher keine kühne Vermutung, wenn man feststellt, dass dieses Engagement in Düsselthal von Fliedner durchaus kritisch beobachtet wurde – schließlich beschäftigen ihn ähnliche Gedanken.

Die galt es nun – angesichts der sehr konkreten Pläne von der Reckes – umzusetzen, was auch gelang.

Fliedner hatte im Herbst 1833, nach der Gründung des Asyls, schon den ersten Entwurf einer Satzung für den „Christlichen Verein für weibliche Pflegerinnen zur christlichen Pflege weiblicher Gefangener, Kranker, Verbrecherkinder, Waisenkinder und armer Verlassener" entwickelt. Dieser enthält den Grundgedanken, Frauen für den diakonischen Dienst in Kirche und Gemeinde heranzuziehen. Gegenüber den bisherigen Kaiserswerther Arbeitsfeldern ist die Krankenpflege eine Erweiterung des Aufgabenspektrums. Konkret denkt Fliedner dabei als Aufgabe der Frauen an *Besuche von Kranken und Ertheilung von leiblicher und geistlicher Pflege, letztes auch durch Geben und Vorlesen von christlichen vom Verein empfohlenen Schriften.*

Es war, aus heutiger Perspektive betrachtet, ein durchaus starker Auftakt – und doch sollte sich bei den Aufgabenfeldern, der Organisationsform im Einzelnen oder auch dem Wirkungskreis bis zur wirklichen Vereinsgründung drei Jahre später noch sehr viel ändern. Aber eine Konstante ist gesetzt: der Ruf an die evangelische Frau, sich in den Dienst der Krankenpflege zu begeben. Wie wenig zunächst festgelegt ist, oder anders gesehen, wie groß die Bereitschaft bei Fliedner war, aktuelle Ideen aufzunehmen, zeigen die Jahre zwischen 1833 und 1836. Denn schon der zweite Satzungsentwurf, der sich im Nachlass Fliedners befindet, er stammt wohl aus dem Jahr 1835 für einen „Christlichen Verein für weibliche Pflege", zeigt signifikante Veränderungen. Besonders der Ausbildung der Schwestern und der geistlichen Betreuung in einem Diakonissenhaus ist nun breiter Raum gegeben worden. Die schon 1833 niedergelegte Prämisse, dass die *Diakonissinnen die Bedürfnisse der evangelischen Kirche für weibliche Pflege wie zu der Apostel Zeiten befriedigen sollen*, wird nun konkretisiert.

Hier hat Fliedner sich stark am Vorbild der Barmherzigen Schwestern orientiert, die er durch die Schrift des Bischofs Clemens Freiherr von Droste Vischering kennen gelernt hatte. Offen nimmt er diese Ideen auf, wie man an vielen kleinen Gestaltungselementen der späteren Diakonissenanstalt zeigen könnte. Andererseits verstärkt er auch die konfessionellen Gegensätze, indem er das Evangelische der Diakonissen immer stärker betont.

Nach der Initiative des Grafen von der Recke muss und will Fliedner selbst handeln. Bei allem Pragmatismus und bei aller Bereitschaft, Netzwerke zu bilden und Unterstützungskreise zu organisieren, möchte er die Initiative nicht aus der Hand geben und die Kontrolle nicht verlieren; ein Charakterzug, den wir immer wieder bei ihm finden können.

Es folgen intensive Gespräche in Kaiserswerth und mit den bürgerlichen Unterstützern, besonders mit dem Grafen von Stolberg, dessen Rolle wohl kaum unterschätzt werden darf. Denn da Graf von der Recke schon in Düsselthal aktiv ist, drängt die Zeit, zumal Fliedner, der noch nie ein gutes Verhältnis zu ihm hatte, wenig von dessen organisatorischen Fähigkeiten hält und dessen Ideen zum „Düsseltaler Diakonissenstift" als „unklar und uferlos" bezeichnet, wie Fliedners Sohn Georg später sagt. Vor diesem Hintergrund hat sich Fliedner wohl auch entschieden, selbst Fakten zu schaffen.

Das Frühjahr 1836 wird also zur Entscheidungszeit. Dabei war das Ehepaar Fliedner in dieser Zeit persönlich schwer belastet, hatte Friederike doch am 13. April einen toten Sohn geboren und lag seelisch und körperlich schwach im Wochenbett. Gerade in dieser Zeit erhält Fliedner jedoch die Gelegenheit, ein großes und repräsentatives Haus am Markt in Kaiserswerth zu kaufen. Das „Stammhaus", wie es genannt wird, hatte einstmals dem Seidenfabrikanten Petersen gehört, einem treuen Mitglied der evangelischen Kirchengemeinde. Nun wird das sogenannte „Petersensche Haus", beschrieben als „das schönste und größte Haus in Kaiserswerth", zum Kauf angeboten und Fliedner unterzeichnet am 10. Mai 1836 den notariellen Kaufvertrag auf eigenes Risiko, ohne zu wissen, wie er die Kaufsumme, die im Herbst fällig wird, aufbringen soll. Seine Frau, mit der er sich nur bedingt beraten konnte, unterstützte ihn vorbehaltlos: sie forderte, er sollte „im Namen des Herrn ... kaufen".

Beeindruckend ist nicht nur der Mut, den Fliedner hier aufbringt. Sein hohes persönliches Risiko verbindet sich auch mit der Überzeugung, im christlichen Glauben einer guten Sache zu dienen. Und dass die Fliedners diese Finanzierung schafften – in diesem Fall mit Hilfe der Freundin Sophie Wiering – braucht kaum erwähnt zu werden, denn dies soll in Kaiserswerth glücklicherweise immer klappen.

Mit dem Kauf des Hauses beginnt die komplizierte Frage der Vereinsgründung konkret zu werden, die formal erst 1846 mit der königlichen Genehmigung abgeschlossen wird. Bis es dahin kommt, gibt es Rückschläge und Erfolge, Phasen der Enttäuschung und des Glücks, gibt es viele Versuche und auch Überlegungen, die sich nicht realisieren lassen – oder aber manchmal dann doch. Aufs Ganze gesehen hat sich aber die in diesen wenigen Monaten zwischen April und Oktober 1836 an die Öffentlichkeit tretende Struktur als stabil und erfolgreich erwiesen, weit über Kaiserswerth hinaus. Sie wird im nächsten Kapitel ausführlich beschrieben.

Die Tragfähigkeit betrifft zunächst das Diakonissenhaus – in dieser Zeit noch „Pflegerinnenanstalt" genannt – ein kleines Krankenhaus, gegründet zur Ausbildung der Diakonissen. Das Stammhaus bietet dafür Platz und doch sind die Anfänge bescheiden und spartanisch. Genau dies berichtet Theodor Fliedner später gerne auch öffentlich. Die vorhandenen Inventarlisten und Aufzeichnungen erzählen von den schlichten Anfängen im Krankenhaus mit geschenktem Mobiliar und durch Spenden finanzierten Betten und mit einigen wenigen Umbauten (Toilettenanlage), aber es ist angemessen und ausreichend ausgestattet. Fliedner selbst hat später die Anfänge leicht romantisierend dargestellt: *Ein Tisch, einige Stühle mit halb zerbrochenen Lehnen, schadhafte Messer, einige Gabeln mit nur zwei Zinken, altfränkische, wurmstichige Bettstellen von verschiedener Form und Farbe und ähnliche Möbel und Geräte, die uns geschenkt worden waren, – in solcher Knechtsgestalt zogen wir ein, aber mit großen Freuden und Loben. Denn wir wußten, wir fühlten: Der Herr hatte sich hier eine Stätte bereitet.*

Noch bevor Gertrud Reichardt am 20. Oktober als erste Diakonisse ankommt, steht am 16. Oktober die erste Patientin vor der Tür; eine katholische Magd aus Kaiserswerth, die unentgeltlich behandelt wird. Nun nimmt es nicht Wunder, dass gerade in den ersten Jahren die Mehrheit der Patienten katholisch war; das Einzugsgebiet war entsprechend. Aber gerade aus Kaiserswerth selbst kam in der Planungsphase zunächst auch viel Widerstand und Kritik, die Fliednerschen Pläne verunsicherten die Bevölkerung. Das Verhältnis zur katholischen Bevölkerungsmehrheit bleibt, trotz aller Erfolge und obwohl etwa auch der erste Anstaltsarzt katholisch war, distanziert und immer wieder von Konflikten begleitet. Doch auch diese Widerstände konnten überwunden werden, schon da man die Gründung nicht verhindern konnte. In einer späteren Erzählung über die Gründung betont Fliedner gerade den konfessionellen Widerstand gegen das Vorhaben, gegen den sich seine Institution durchsetzen musste. Letztlich aber sei es evangelische Wahrheit gewesen, die alle Widerstände überwand, so seine Argumentation. Die frühere Offenheit gegenüber dem Katholizismus hatte sich verändert: *Und siehe, mitten durch diese finstern Wolken, ließ der treue Herr auch erheiternde Sonnenblicke fallen.*

So können auch die interkonfessionellen Momente der Anstaltsgründung nicht allein als ein Zeichen für den *„ökumenischen Charakter aller evangelischen Liebesarbeit"* wie der Fliedner-Biograf Martin Gerhardt 1937 meinte, gedeutet werden, sondern auch als ein Zeichen für den besonderen Charakter, den diese Krankenhausgründung in sich trägt. Anders als später, als viele konfessionell gebundene Krankenhäuser zur Versorgung der Bevölkerung am Ort gegründet wurden, steht der Versorgungsaspekt hier in Kaiserswerth nicht im Vordergrund – auch wenn das Krankenhaus schnell eine solche Funktion übernehmen kann. Das Krankenhaus der Diakonissenanstalt ist als ein Ausbildungshaus für Diakonissen, oder wie Fliedner in der Gründungsphase noch überwiegend sagt, für Pflegerinnen gegründet worden. Anna Sticker hat später idealisierend die beiden zusammengehörenden Komponenten, die die Diakonissenanstalt ausmachten, so beschrieben: „Die nüchterne Zielsetzung einer gelernten, zuverlässigen Krankenpflege und die romantische Idee eines Diakonissenamtes in der Kirche, das angeblich schon in der Urchristenheit bestanden habe."

Es ist nicht einfach zu gewichten, welches Ziel den Fliedners wichtiger war – ob man überhaupt die verschiedenen Ziele, die eng miteinander verknüpft waren, in eine Wertehierachie bringen darf. Zumal es spätere Entwicklungen gab, die man im Jahr 1836 in keiner Weise schon übersehen konnte. Und doch dürfte es sicher nicht falsch sein, die wesentlichen Impulse für die „Entstehung der neuzeitlichen Krankenpflege" als ein Nebenprodukt eines missionarischen Kirchenprogramms zu beschreiben. Nur durch die Verbindung beider Ideen jedoch konnte sich das Modell der berufstätigen und religiös gebundenen Diakonisse im 19. Jahrhundert durchsetzen. Bevor der Schwesternberuf näher betrachtet wird, muss zunächst einmal das normative Bild, welches Fliedner von den Diakonissen vor Augen hatte, näher beschrieben werden.

Nach 1836 beruft sich Theodor Fliedner bei der Etablierung des Amtes der Diakonisse auf verschiedene altkirchliche Vorbilder, denen er im 19. Jahrhundert zu ihrem endgültigen Durchbruch verhelfen will und soll. Mit intensiven Studien bemüht er sich sowohl um eine kirchenhistorische wie auch theologische Argumentation und damit um eine (nachträgliche) Legitimation der Kaiserswerther Gründungen: *Das Diakonissen-Amt erhielt sich in der Kirche des Abendlandes bis ins achte, und in der Kirche des Morgenlandes bis ins 12. Jahrhundert. Als die Finsternis des Mittelalters ihren höchsten Grad erreichte, da erlosch freilich der letzte Strahl dieses Lichtes christlich-apostolischer Barmherzigkeit.* Erst mit der Reformation habe man begonnen, sich wieder an dieses Amt zu erinnern; zunächst in reformierten Gemeinden, später auch bei der Herrnhuter Brüdergemeine des Grafen Zinzendorf. Den Grafen Zinzendorf schätzt Fliedner Zeit seines Lebens

sehr, schon 1823 lernte er die Frömmigkeit der Brüdergemeine kennen. Und im Oktober 1854 konnte er schließlich
nach einem Besuch in Schlesien selbst nach Herrnhut reisen. An seine Frau schreibt er: *Ich hoffe, dieser Besuch in Herrnhut soll uns und unseren Schwestern noch viel Segen eintragen.*
Dieser Segen liegt sowohl in der Ausarbeitung des besonderen Fürbittengebetes der Schwesternschaft, die dem Vorbild der Kirchenlitanei der Brüdergemeine folgt, als auch in
der äußeren Gestaltung des Schwesternfriedhofs, den man
auch „Gottesacker" nennt.

Auf seinem Grabstein wird Fliedner als „Erneuerer des
apostolischen Diakonissenamtes" bezeichnet – ganz in seinem eigenen Sinne und unabhängig von der damaligen
Debatte, die kritisch fragte, ob es ein solches Amt tatsächlich gegeben habe. Es ist eine Selbstbeschreibung, die zu
zeigen vermag, welches Gefühl für die eigene Bedeutung
schon Theodor Fliedner und seine unmittelbare Umgebung
hatten.

Der Topos des pragmatischen Erneuerers, des Reformers
von Kirche und Gesellschaft, passt auch zu einem weiteren
Bild, welches gerade im Kontext der kleinen und armen
Gründungen 1833 und 1836 schon von Fliedner selbst
immer wieder bemüht wird: das biblische Bild vom Senfkorn. Es wird immer wieder gebraucht, sei es bei der Geschichte des Gartenhauses, sei es mit dem Beginn der
Arbeit im Krankenhaus und in der Diakonissenanstalt,
immer wieder ist vom *Diakonissen-Senfkorn* die Rede, von
Arbeit, die *senfkornartig beginnen* soll.

Größe ist dabei nicht Fliedners primäres Ziel, ebenso
wie er nicht – modern gesprochen – ein Unternehmen
gründen will, sondern eine missionarische Ausbildungs-
stätte für Frauen. Mehrfach hat Fliedner den missionarischen Charakter der Diakonissenanstalt hervorgehoben.
Schon in dem berühmten Brautbrief an Friederike spricht

Fliedner vom *Missionsberuf*, der für ihn so wichtig war. Für das Asyl schreibt er 1838 an einen Pfarrer: *Stellen Sie die Sache als eine inländische Missionssache dar, wie sie es denn ist, wo es die getauften Heiden unter uns zu bekehren gälte.*" Fliedner bedient sich hier schon sehr früh des ab den 1840er Jahren gebräuchlichen Topos der inländischen (später inneren) Mission. Damit ist er ganz Teil der sozialmissionarischen Bewegung innerhalb des deutschen Protestantismus des 19. Jahrhunderts.

Ordnung und Unordnung

Theodor Fliedner hatte schon früh ein Gespür dafür, dass seine Arbeit eine historische Dimension hatte. Nicht nur seine Idee, in Kaiserswerth ein Museum einzurichten, welche er seit den 1850er Jahren hatte, zeigt dies. Besondere Kraft hat die Diakonissenanstalt durch Fliedners Sinn für Ordnung und Struktur erhalten. Auch seine wissenschaftliche Herleitung des Diakonissenamtes, die Fliedner später vorlegt, die aber auch Ausdruck einer Beschäftigung mit dieser Frage seit der Kollektenreise 1823/24 ist, dient ihm zur Legitimation der eigenen Vorstellungen und des eigenen Tuns. Dabei umfasst das Bild der Diakonisse den ganzen Menschen und es will eine ganzheitliche Formung des Menschen erreichen. Trotz einer anderen Grundstruktur zu Beginn, als Fliedner noch an eine zeitliche Befristung dachte, ist das Diakonissenamt damit so etwas wie ein „Lebensberuf". Seine Idee, die Frauen zunächst nur für fünf Jahre an die Diakonissengemeinschaft zu binden, erwies sich als zu theoretisch. Das ganze System ist auf eine lebenslange Bindung der Frau an die Diakonissenanstalt ausgelegt. Die ganzheitliche Prägung des Diakonissenamtes soll in idealtypischer Weise Professionalität und Religiosität verbinden. Dieses strukturierte System erweist sich in seiner Totalität als kraftvoll und dauerhaft, auch wenn von Beginn an immer viele Frauen die Anforderungen nicht erfüllen konnten oder wollten und wieder austraten.

Um zu verstehen, wie es Fliedner geschafft hat, die Diakonissenanstalt in Kaiserswerth zu einem anerkannten Vorbild für den Protestantismus zu machen, muss man sich einen Fliednerschen Charakterzug näher anschauen, der schon mehrfach angedeutet wurde und sich durch sein Leben zieht. Theodor Fliedner war ein systematischer Pragmatiker, er war jemand, der an die Gestaltungskraft der Ordnung glaubte, der seine Umwelt durch Struktur erziehen und innerhalb dieser Struktur theologische Prägungen erreichen wollte.

Ordnungen und Anweisungen waren für ihn probate Mittel zur Strukturierung des eigenen Lebens und des eigenen Umfelds. Individuelle Herzensbildung und kollektive Gemeinschaftsbildung innerhalb der eigenen Anstalt, aber auch für den gesamten (deutschen) Protestantismus waren das Ziel.

Wie er sich das Diakonissenamt vorstellte, machte er in dem sogenannten „Grundgesetz" der Diakonissenanstalt deutlich. Diesen *ersten äußeren Rahmen für sein Lebenswerk* setzt Fliedner, der mit Vereinen und Satzungen ja bereits einige Erfahrungen hat, mit dem „Grundgesetz des evangelischen Vereins für christliche Krankenpflege in der Rheinprovinz und Westfalen". Nach eingehenden Beratungen wird der Satzungstext, der natürlich von Fliedner stammt, am 30. Mai 1836 im Haus des Regierungspräsidenten Stolberg verabschiedet. Schon im Vorfeld hatte Fliedner über diesen wohl immer wieder mit dem frommen Regierungspräsidenten beraten. Unterstützung erhält er zudem von den Personen, die ihm schon länger vertraut sind, unter anderem von dem Kaufmann Peter Göring aus Düsseldorf und von Baron von Hymmen. Wichtig ist auch die Unterstützung aus der rheinischen und der westfälischen Provinzialkirche durch die beiden Präsides Nonne/Schwelm und Gräber/ Barmen.

Der Paragraph 2 des Grundgesetztes umschreibt das Ziel des Vereins präzise: *Der Gegenstand des Vereins ist, dem hilfsbedürftigen und leidenden Teile der bürgerlichen Gesellschaft, vorzugsweise den armen Kranken Hilfe zu leisten mittelst evangelischer Pflegerinnen, welche das Diakonissen-Amt im apostolischen Sinne unter ihnen verwalten, sowohl in Krankenhäusern als in den Wohnungen derselben.*

Die insgesamt 18 Paragraphen regeln dann nicht allein die Rolle des Krankenhauses und die praktischen Fragen zur Ausbildung der Diakonissen – die sich ja zunächst nur auf fünf Jahre verpflichten sollten – sondern insbesondere die Struktur des Vereins, der von Ehrenamtlern geleitet werden soll. Dabei übernimmt Graf Stolberg den Vorsitz – er stellt damit die Brücke her zu staatlichen Stellen, aber auch zu den Aktivitäten des Grafen von der Recke, der ja ebenfalls eine staatliche Unterstützung brauchte, die zu erhalten nun schwieriger war. Zentral ist allerdings laut Satzung die Stellung des Sekretärs. Theodor Fliedner, der diese Position übernimmt, steht so personell und strukturell im Mittelpunkt seiner Gründung – und hat doch alle Unterstützung, die er braucht. Diese Stellung Fliedners wird übrigens schon zu seiner Zeit kritisiert. So hat etwa der preußische Kultusminister Eichhorn 1842 in einem internen Schreiben die Sorge geäußert, Fliedner mache sich selbst zum „Alleinherrscher" der Anstalt. So ganz falsch war diese Sorge nicht.

Fliedner wählt für seine Pflegerinnenanstalt eine Organisationsform, die im 19. Jahrhundert nicht selten ist. Im

„Jahrhundert der Vereine" entstanden zahlreiche kulturelle und wohltätige Vereine. Auch Johann Hinrich Wichern, Theodor Fliedners bedeutender Hamburger Zeitgenosse und Gründer des „Centralausschuß für Innere Mission", wählte diese Organisationsform. Dies geschah auch, weil sie, wie beispielsweise Fliedner freimütig bekannte, ein möglichst großes Stück Freiheit von der Kirche brachte. Und diese Freiheit spielt bei der Genehmigung des Vereins ebenfalls eine große Rolle. Fliedner sieht die doppelte Absicherung und Orientierung des Vereins klar. Nach der Genehmigung der Satzung durch den preußischen König am 20. November 1846 betont er im Jahresbericht, dass eine sehr enge Verbindung zur Kirche bestehe, *wie der Verein das Wohl der Kirche fördern soll.* Und gleichzeitig *hat doch der Verein sich zugleich die Selbstständigkeit bewahrt, da seine Wirksamkeit nicht von den kirchlichen Behörden geregelt und geleitet wird, sondern daß er sich frei innerhalb der Kirche bewegen kann.* Diese Freiheit war Fliedner zeitlebens wichtig, sie sicherte ihm eine Verbindung zur Kirche, ohne dass er sich in deren Hierarchien einordnen musste. Sie sicherte ihm kirchliche Unterstützung und ermöglichte es gleichzeitig, weitere bürgerliche Kreise anzusprechen.

Es wurde viel Unterstützung gebraucht. Im ersten Jahr wurden sechzig Kranke behandelt, an insgesamt 4 638 Tagen; man kommt so auf eine durchschnittliche Liegezeit von 77,3 Tagen. Beeindruckend sind möglicherweise auch die ökonomischen Bedingungen: Theodor Fliedner hat in den ersten Jahrzehnten sehr penibel öffentlich Buch geführt über Einnahmen und Ausgaben, über Vermögen und Schulden und über Spenden. Das Bilanzvolumen betrug 6 672 Taler, man hatte 3 000 Taler als Geschenk erhalten und wies eine Schuld von gut 3 000 Talern auf. Auch wenn die oberste Maxime Sparsamkeit war, plädierte Fliedner dennoch für eine sachgerechte Ausstattung und argumentierte so gegen eine falsche Sparsamkeit: *Aber in vielen Stücken kann man in einem Krankenhause nicht sparen. An Diät, Arznei u. dgl., das der Arzt nötig findet, darf nicht gegeizt werden, ebensowenig an der für die Kranken nötigen Leinwand, Bettung, Kleidung, Heilapparaten usw.*

Ohne die Bereitschaft zum Spenden und ohne die vielen Geschenke hätte die Anstalt nicht überleben können. Theodor Fliedner ist unermüdlich unterwegs auf Spenden- und Werbereisen, er schreibt Briefe und bettelt, er informiert und tritt für seine Ideen ein, nicht nur im Rheinland.

Die Reisen sind nicht nur in den ersten Jahren eine starke Belastung für seine Frau Friederike, als Ehefrau, Mutter und Vorsteherin. Schon im ersten Satzungsentwurf hatte Fliedner eine solche Position vorgesehen: *Eine Vorsteherin wird diese Pflegerinnen-Anstalt leiten, die Schwestern bilden und mit ihnen gemeinschaftlich die Pflege der Kranken übernehmen.* Zum Zeitpunkt der Abfassung dieser Zeilen war weder klar, wie genau das Aufgabenprofil dieser Stelle aussehen sollte, noch, wer denn wohl eine solche Aufgabe neben Theodor Fliedner übernehmen konnte. Zunächst dachte er nicht an seine Frau – diese sieht er mit anderen Aufgaben ausgelastet. Auch Gertrud Reichardt, die Fliedner seit 1834 kannte, kam dafür seiner Ansicht nach nicht in Frage – sie schien ihm der schwierigen Aufgabe, die Mut und Offenheit für Neues und Schwieriges verlangte, nicht gewachsen. Er bemühte sich intensiv um die berühmte Hamburgerin Amalie Sieveking, bei der er in einem langen sehr eindringlichen Brief (man denke noch an den berühmten nüchternen Brautbrief an Friederike) um ein Kommen nach Kaiserswerth warb: um *eine heilige Schar einheimischer Missionarinnen zu bilden, welche die Barmherzigkeit Christi den verlassenen Kranken, den verwahrlosten Kindlein, den gesunkenen Armen, den verirrten Gefangenen eines Landes nahe bringen.* Doch auch wenn sich Amalie Sieveking geehrt fühlte und grundsätzliches Interesse an der Kaiserswerther Gründung zeigte, konnte sie sich nicht entschließen, Hamburg zu verlassen und sich in Kaiserswerth einem ungewissen Experiment zu unterziehen, und dies noch unter der Leitung Theodor Fliedners. So lief also alles auf Friederike Fliedner zu, die letztlich schon von Beginn an und durchaus auch in der Planungsphase die Vorsteherin ist – nun wird sie es auch faktisch, da nach Fliedner *niemand Besseres dazu da war*. Die Gründungsphase forderte grenzenloses Vertrauen und ein fast intuitives Verständnis untereinander – nichts lag da näher, als die eigene Ehefrau zu nehmen, zumal es gerade in Glaubensfragen eine sehr große Übereinstimmung gab.

Aber auch hier überlässt Fliedner nichts dem Zufall, eine „Instruktion für die Vorsteherin" beschreibt das Aufgabenfeld: *Die Vorsteherin (Mutter), die der Direktion … und zunächst dem Inspektor untergeordnet ist, hat der innern Verwaltung der Diakonissenanstalt* vorzustehen. Die doppelte Unterordnung als Ehefrau und Vorsteherin gegenüber Fliedner ist aber nur die eine Seite. Denn neben den wichtigen Verwaltungsaufgaben, die auch die ökonomischen Fragen umfassen, gilt für die „Mutter" auch: *Die Vorsteherin hat 2. die Diakonissen zu beaufsichtigen und zu leiten als ihre nächste Vorgesetzte.* Fürsorgliche und seelsorgerlich-pflegende, in Fliedners Vorstellung, mütterliche Aufgaben werden der Vorsteherin ebenso übertragen wie verwaltende und leitende – für Fliedner logisch zusammenhänge Aspekte. Mit der exakten Aufgabenbeschreibung der Mutter beziehungsweise Vorsteherin und einer 1839 entwickelten Aufgabenbeschreibung für den Vorsteher, die ihm umfangreiche Rechte und Pflichten überträgt – unter anderem die Entscheidung über die Vorsteherin – wird zugleich das Familienmodell als Grundprinzip etabliert. Die Diakonissen erhalten die Rolle der Töchter und die „Mutter" hat Fürsorge und Treue, aber auch Strenge gegenüber den Töchtern zu üben. Die Übernahme des gesellschaftlich akzeptierten patriarchalen Familienmodells des 19. Jahrhunderts, mit der zentralen Funktion der Beheimatung der jungen Frauen in einer geistlichen Gemeinschaft, hat sicher wesentlich zum Erfolg der Diakonissenbewegung beigetragen.

Gleichsam als Erziehungsregeln für die Familie können dann die sogenannten Hausordnungen und Dienstanweisungen gelesen werden, die ab 1837 von Fliedner erarbeitet wurden. Während die Dienstanweisungen für den Vorsteher (Theodor) und die Vorsteherin (Friederike) exakte Aufgabenbeschreibungen sind, werden die zeitgleich 1837 beziehungsweise 1839 in der Anstalt erlassenen Hausordnungen für ihn wichtige Instrumente, die Frauengemeinschaft zu bilden und zu prägen.

So beginnt er die erste Hausordnung programmatisch: *Da Gott ein Gott der Ordnung ist, so hat er in seinem Wort geboten, alles ehrlich und ordentlich zugehen zu lassen.*

Damit setzt er übrigens – eher eine Seltenheit – einen explizit anderen Akzent als Friederike, die im Zusammenhang mit ihren Instruktionen vor einer Überhöhung und Gesetzlichkeit der Satzungen gewarnt hat: „Der Schein ist dem Herrn ein Greuel. Satzungen führen leicht zum Schein. Durch Satzungen erkaltet auch die Liebe."

Wie sollten nun die Diakonissen sein? Wen erwartete man? Welche unverheirateten jungen und frommen Frauen sprach man an? Was genau sollten sie tun? Waren sie in erster Linie Krankenpflegerinnen, wie der erste Satzungsentwurf nahezulegen schien? Und was war mit der wenig später ausdrücklich als „Lehrdiakonie" bezeichneten pädagogischen Arbeit, dem Asyl und dem Kleinkinderlehrerinnenseminar, beides noch vor der Gründung der Diakonissenanstalt eröffnet? Schon diese Fragen zeigen, dass am Anfang weder die einzelnen Arbeitsbereiche feststanden noch es ein gleichsam fertiges „Diakonissenbild" in Kaiserswerth gab. Das berühmte Diktum von Friederike Fliedner: „Eine Diakonisse kann kein Alltagsmensch sein, sonst wird die Welt belogen", zeigt, welche hohen Erwartungen in die Frauen gesetzt wurde, charakterlich, religiös und beruflich.

Die eintretenden Diakonissen sollten eine *fest gefügte Lebensordnung* vorfinden, in die sie sich hineinleben sollten. Fliedners Ziel war es ausdrücklich, aus den Individuen eine Gemeinschaft zu formen, die sich durch gleiche Ziele und übereinstimmende Glaubensgrundsätze auszeichnen sollte. Die mit „ihrem Gott" kämpfende Friederike erhoffte sich Diakonissen, die selbst ein Erweckungserlebnis hatten und sich auf einen religiösen Weg machen wollten.

Die Hausordnungen waren also eines der wichtigsten Instrumente, um innerhalb der Diakonissenanstalt eine festgefügte und tragfähige Ordnung herzustellen, die jede einzelne Frau mit dem Mutterhaus in Verbindung hielt, auch wenn sie außerhalb arbeitete. Trotz der Vorbilder und Anregungen, sei es aus dem katholischen Raum oder aus der Erweckungsbewegung, ist die Anstalt als eine arbeitende und betende, eine miteinander lebende Frauengemeinschaft – von einem Mann geleitet und geprägt – neu und innovativ. So muss Fliedner gerade in den ersten Jahren am Kernelement der Hausordnungen immer wieder feilen und arbeiten. Allein bis zu Fliedners Tod 1864 wird die Hausordnung sechsmal von ihm überarbeitet. Damit dienen Fliedner die Hausordnungen zur Etablierung gemeinschaftlicher Regeln für alle Schwestern, zugleich kann er hier seine Vorstellungen von Dienst und Aufgabe der Diakonissen niederlegen.

Erstmals offiziell eingeführt wird die Ordnung 1839. Dieser Text mit 48 Paragraphen ist nach Martin Gerhardt „die grundlegende Urkunde für Fliedners Auffassung des Diakonissenberufes und damit für die weitere Ausgestaltung der weiblichen Diakonie in der evangelischen Kirche."

Das Grundmuster des diakonischen Liebeshandelns wird in einem dreifachen Diakonissendienst begründet, welcher zwischen den Polen „Liebe" und „Gehorsam" oder auch „Dienst" und „Tat" eine praktische Ausgestaltung des evangelischen Dienstverständnisses ist. Dieses Dienstverständnis hat sich in Grundzügen bis in das 20. Jahrhundert hinein in den Diakonissenanstalten gehalten. Theologische, sozialpolitische und politische Gründe ließen nach dem Zweiten Weltkrieg ein solches Modell in Kirche und Gesellschaft jedoch als überholt erscheinen.

Die Zielsetzung aber ist 1839 klar formuliert. Die Diakonissen sollen dreierlei sein: *Dienerinnen des Herrn Jesu; Dienerinnen der Kranken um Jesu willen* (später: *der Armen, Kranken und Kinder um Jesu willen*); *Dienerinnen untereinander.*

Wer sich zu diesem Dienst berufen fühlt und wer in die Gemeinschaft aufgenommen wird, der entschließt sich, weltlichen Lebensbezügen weitgehend zu entsagen, sich ganz in die Gemeinschaft einzufinden und sich *fern zu hal-*

ten von allen anderweitigen irdischen Verbindungen. Demut und Selbstaufopferung und das Zurückstellen eigener Bedürfnisse und Wünsche, eine solche Haltung wird für den ausgeübten Dienst als konstitutiv beschrieben. So heißt es in der Hausordnung: *Jede Diakonisse, die die Pflichten ihres Amtes mit dem Wohlgefallen ihres Herrn, zur Zufriedenheit der Direktion und zum Heil des leidenden Nächsten erfüllen will, muß daher von der Liebe Christi regiert, sich selbst ein Gesetz sein und der Nachhilfe der äußeren Gesetze immer weniger bedürfen.*

Nun darf man das mit den „äußeren Gesetzen" nicht zu wörtlich im heutigen Sinne nehmen, dazu ist Fliedner schon allein als preußischer Untertan zu sehr auf seine Obrigkeit hin orientiert. Auch hat er keinerlei Interesse daran, einen kontemplativen Orden zu schaffen – die Verbindung zu Welt ist für ihn zentral, darauf ist sein Denken und Handeln ausgerichtet. Die Verbindung zum, nennen wir es realen, wirklichen Leben, ist die Arbeit – die ja für die Fliedners immer im Mittelpunkt stand – und sei es als therapeutische Maßnahme. Der irdische Beruf, die Berufung zur Gestaltung ist zentral. Und diese Arbeit liegt in den Vorstellungen der Fliedners primär in den Bereichen Krankenpflege und Erziehung. Von den Diakonissen in der Krankenpflege wird einerseits eine professionelle Berufsauffassung und Berufstätigkeit gefordert, andererseits dienen die Ordnungen zur Einübung des demütigen Dienstes der Frauen, die nicht um ihrer selbst willen den Beruf der Pflegerin ausüben sollten und auch nicht primär um die Kranken und Kinder zu pflegen, sondern um einem göttlichen Auftrag zu folgen. Um eine hohe Professionalität zu erreichen, legt Fliedner Wert auf eine fachliche Ausbildung. Den Unterricht in der Krankenpflege hat anfangs der Anstaltsarzt, Dr. Thoenissen, ein katholischer Kaiserswerther, übernommen. Benutzt wird zunächst die „Anleitung zur Krankenpflege" von Johann Friedrich Dieffenbach (1792–

1847) von 1832 sowie das daraus erwachsene populärere und einfachere Buch „Anleitung zur Krankenpflege" (1837) von Karl Emil Gedike (1797–1867). Das Wirtschaftsbuch der Diakonissenanstalt weist für November 1839 den Kauf von sechs Lehrbüchern Gedikes nach. Und Fliedner, der selbst keine Erfahrungen in der Krankenpflege hatte, suchte die Begegnung mit Gedike 1840 bei einem Berlin-Aufenthalt. Die Verbindung von Krankenpflegeausbildung und Bildung einer religiös begründeten Gemeinschaft von Diakonissen faszinierte auch Florence Nightingale (1820–1910), die zweimal (1850 und 1851) Kaiserswerth besuchte und mit der Familie Fliedner zeitlebens verbunden blieb.

Für das Wachstum und die Ausbreitung der Diakonissenanstalt waren aber nicht allein die inneren Ordnungen und Fliedners charismatische Persönlichkeit verantwortlich. Entscheidend war, wenn man eine ökonomische Formel nehmen will, das Geschäftsmodell Fliedners, das sich als nachhaltig und einfach erwies und das ganz offensichtlich auf ein gesellschaftliches Bedürfnis traf. Die Diakonissen können indirekt als eine Antwort auf eine gesellschaftliche Situation des Umbruchs gesehen werden; auf die sich abzeichnende soziale Frage in Deutschland. Industrialisierung und Urbanisierung sind die Schlagwörter, die sich damit gemeinhin verbinden. Diese Entwicklungen brachten vollkommen neue Herausforderungen für Kirche und Gesellschaft, denen sich manche Christen konsequent stellen wollten. Für den Erfolg des Impulses der Fliedners kommt wesentlich hinzu, dass man den Frauen, die sich zum Eintritt in eine Diakonissenanstalt entschlossen, die Perspektive einer eigenen Berufstätigkeit verbunden mit einer guten Ausbildung geben konnte. Trotz aller späteren scharfen Abgrenzungen zur bürgerlichen Frauenbewegung kann man hier einen wesentlichen Impuls zur Modernisierung der Gesellschaft sehen. Die theologische Begründung der Arbeit der Frau in den, wie man argumentierte, ihrer Natur entsprechenden Bereichen der Pflege und des Helfens diente so auch der Legitimierung eines gesellschaftlichen Tabubruchs. Der Aspekt der Ausbildung steht dabei eindeutig im Zentrum des Interesses, wobei Fliedner gerade auf eine praktische Ausbildung Wert legt. Schon der nach mehreren Änderungen schließlich endgültig gewählte Name des von Fliedner gegründeten Trägervereins für die Diakonissenanstalt macht dies deutlich: „Rheinisch-westfälischer Verein zur Bildung und Beschäftigung evangelischer Diakonissen". Letztlich zur Legitimation der Bildungsarbeit wird viel später in Kaiserswerth ein Brief aus der Anfangszeit der Diakonissenanstalt veröffentlicht, der den ganzheitlichen Ansatz Fliedners beschreibt. Er gibt einen exakten Überblick über die Krankheiten, die im Krankenhaus der Diakonissenanstalt behandelt werden, und stellt dabei nicht die medizinische oder pflegerische Leistung in den Vordergrund, sondern vielmehr den in Demut geleisteten Dienst am Nächsten: *Auch geht noch hier in Erfüllung des Herrn Wort, daß die Huren und Zöllner eher in das Himmelreich kommen, als so manche bürgerlich ehrbare Pharisäer.* Die Kranken hatten demnach auch, so weit sie konnten, am Gottesdienst und am Abendmahl teilzunehmen – sie hatten sich dem missionarischen und erziehenden Programm der Diakonissen zu öffnen.

Schon sehr früh denkt Theodor Fliedner an Expansion – allein schon die Idee, Frauen für die Arbeit in der Krankenpflege und für die Gemeinde auszubilden, setzt dies voraus. Und so kann er die Gemeindediakonisse, die in der Kirchengemeinde arbeitet, als die *Krone der Diakonissen-Wirksamkeit* beschreiben. Damit skizziert er pathetisch ein Grundprinzip dessen, was seiner Auffassung nach eine Diakonisse ausmachen soll. Als Teil des Mutterhauses und Mitglieder der Gemeinschaft und der Familie sind die Diakonissen aufgerufen zu einem Dienst in Demut. Diese Demutshaltung soll sie zugleich zu einem selbstständigen Dienst außerhalb des Mutterhauses befähigen.

Hintergrund dieser Vorstellung ist ein umfassendes Kirchenreformprojekt, bei dem in den Gemeinden neben dem Pfarramt noch weitere theologisch qualifizierte Ämter geschaffen werden sollten. Das Wissen um diese theologischen und kirchenpolitischen Zusammenhänge, in denen sich Fliedner zwar sicher bewegt, aber doch nur eine Stimme ist, bildet die Basis zum Verständnis und zur angemessenen Würdigung der Grundprinzipien der Ausbildung und Arbeit der Diakonissen in Kirche und Gemeinde.

Wie so vieles in der Kaiserswerther Diakonissenanstalt hat auch das Amt der Gemeindeschwester als ein besonderer Diakonissendienst erst langsam und stetig bei Theodor Fliedner Gestalt angenommen. Das Bild formte sich ebenso wie die Vorstellung von dem, was man unter einer Diakonisse zu verstehen hat im normativen Sinne – wobei er aber immer die Praxis im Blick hatte. Dabei beginnt die Aussendung in die Gemeinden schon sehr früh.

Als erste Gemeindeschwester kann Franziska Lehnert bezeichnet werden, von der nur wenig bekannt ist, die aber ein gutes Beispiel dafür ist, mit welcher Dynamik sich in den ersten Jahren die Gemeinschaft entwickelte, wie stark aber auch zunächst die Fluktuation in Kaiserswerth war. Sie tritt bereits 1837 in das Mutterhaus als Probeschwester ein, sehr von Fliedner dazu gedrängt, verlässt aber im gleichen Jahr das Haus, um dann in der Privatpflege in Norddeutschland zu arbeiten. Sie setzt also die pflegerische Arbeit fort, ohne die Bindung an die Gemeinschaft zu behalten. Erst Catarine Weintraut, die im Mai 1838 nach Rheydt in die Privatpflege geht, findet sich bereit, für das Mutterhaus auch in der Ferne zu arbeiten. In der Privatpflege, die Fliedner als Arbeitsgebiet für seine Diakonissen als eine Ausnahme ansieht, steht die Krankenpflege im Mittelpunkt; damit kann sie als eine verdichtete Form der Gemeindepflege, mit besonderen professionellen Herausforderungen an die auf sich allein gestellten Diakonissen, betrachtet werden.

Die monatliche Betstunde, die in Kaiserswerth oder auf den Außenstationen nach einer festen Liturgie durchgeführt wurde, sowie die gemeinsame Bibellesestaffel stehen dafür. Auch die Besuche auf den Stationen durch ihn, die Vorsteherin oder eine andere leitende Schwester, gehören dazu.

Wenn man nach dem Erfolg der Diakonissenanstalt fragt, muss man an die enge Verbindung zum preußischen Hof erinnern. Der kleine Landpfarrer aus Nassau hat seit den ersten Jahren in Kaiserswerth, bedingt durch das Netzwerk der Gefängnisgesellschaft, eine gute Verbindung zum preußischen Hof und zu adeligen Ratgebern des Königs. Spenden aus dem Königshaus helfen früh, finanzielle Nöte zu lindern. Und mit dem Amtsantritt des jungen Königs Friedrich Wilhelm IV., des „Romantikers auf dem Königsthron", werden diese Verbindungen noch enger. Der König sucht immer wieder das Gespräch und den Rat Fliedners für die eigenen Pläne. Er sieht gerade in den Diakonissenanstalten und den Diakonissen wichtige Bausteine für einen Neuaufbau der Gesellschaft in einem an urchristlichen Modellen orientierten Sinn. Die Vorstellungen des Königs von einem sozialen Christentum und von der Revitalisierung einer christlichen Standesgesellschaft haben zwar durch die direkte finanzielle Hilfe, die die Anstalten erfahren, dem Wachstum der Anstalten sehr geholfen, sie haben aber kaum zur Durchsetzung der Pläne des Königs geführt. Gerade die kirchlichen Berater des Königs in diakonischen Fragen, Theodor Fliedner und Johann Hinrich Wichern, haben immer primär das Interesse der eigenen Einrichtungen vertreten.

Caroline Fliedner – die „zweite" Mutter

Es ist nicht einfach, einzelne Jahre nach der Gründung der Diakonissenanstalt 1836 herauszuheben und ihnen eine Scharnierfunktion in der Anstaltsentwicklung zuzuschreiben, auch wenn man dies in der Nachschau gerne tut. Aber die Jahre zwischen 1842 und 1846 können als die wohl wichtigsten und wahrscheinlich auch dichtesten Jahre im Leben Fliedners und seiner Anstalt beschrieben werden. Sicher war das Jahr 1842 ein wesentlicher Einschnitt. Der Tod Friederikes veränderte Theodors persönliche Lage nachhaltig; trotz aller Arbeit fühlt er sich einsam im Pfarrhaus, mit den anstehenden Entscheidungen. Und 1846 werden nicht nur die Satzungen endlich genehmigt – ein öffentlicher und kirchenrechtlicher Durchbruch kann darin gesehen werden – im gleichen Jahr beginnt auch die Globalisierung der Mutterhausdiakonie: Theodor Flieder bringt vier Diakonissen nach London ins Hospital Dalston, womit eine Expansion über die deutschen Grenzen hinaus beginnt.

Doch zunächst zum Privaten, zum Fliednerschen Familienleben. Der Tod Friederike Fliedners ist für Theodor

Fliedner, seine Kinder und für die Diakonissenanstalt ein schwerer Schlag. Gerade die Diakonissenanstalt, die auf dem Familienmodell basiert, ist noch immer in einer sehr schwankenden unsicheren Anfangsphase, auch wenn sich erste Erfolge einstellen und die Zahl der Diakonissen langsam steigt. Der Bedarf an Diakonissen wächst spürbar, auch die Bereitschaft von Frauen, nach Kaiserswerth zu kommen, steigt an. Wenn man so die Phase des ersten Experimentierens langsam verlassen kann, ist nun ein weitergehender planmäßiger Aufbau gefragt.

In dieser Phase stirbt die erste Vorsteherin und hinterlässt eine schmerzliche Lücke. Die daraufhin notwendig gewordene Wahl einer neuen Vorsteherin als Nachfolgerin für Friederike wird für Theodor Fliedner eine weichenstellende Entscheidung, nicht nur beruflich.

Im Frühjahr 1843 bekommt Fliedner den Auftrag des preußischen Königs, für ein in Berlin zu gründendes „Institut zur Ausbildung evangelischer Barmherziger Schwestern" – dem dann 1846 gegründeten Diakonissenmutterhaus Bethanien in Berlin – eine Vorsteherin zu suchen. Er fragt bei der Hamburgerin Amalie Sieveking an, ob diese bereit sei, als Vorsteherin nach Berlin zu gehen. Erwartungsgemäß lehnt sie ab – wie sie schon 1836 Fliedners Angebot abgelehnt hatte. Sie empfiehlt diesmal aber eine andere Frau, die gut 30 Jahre alte Caroline Bertheau, die zu dieser Zeit als Oberaufseherin auf der Frauenstation des Allgemeinen Krankenhauses Hamburg in St. Georg tätig ist.

Zwischen Friederike Münster und Caroline Bertheau gibt es charakteristische Gemeinsamkeiten und Unterschiede. Auch die 1811 in eine bürgerliche Hamburger Familie geborene Caroline Bertheau – der Vater war Weinhändler – lernt als Kind Not und Probleme kennen. Die Familie verliert durch die Auswirkungen der Kontinentalsperre auf Hamburg einen größeren Teil der finanziellen Basis; materielle

Not ist Caroline also nicht fremd. Als sie 20 Jahre alt ist, verliert sie ihren Vater durch einen Unfall. Dadurch gerät die Familie in wirtschaftliche Probleme und Caroline ist gehalten, ihren Lebensunterhalt als Erzieherin auf dem Gut Depenau in Holstein zu verdienen – pädagogische Arbeit hatten auch Theodor und Friederike Fliedner ausgeübt.

Sie selbst hat eine besondere Erziehung erhalten. 1820 war sie zur Erziehung zu Amalie Sieveking gekommen. Dort lernte sie die lutherische Erweckungsbewegung Hamburgs kennen und schätzen; für die ursprünglich rationalistisch erzogene Caroline ein einschneidendes Erlebnis. Sievekings aus der Erweckungsbewegung kommende Vorstellung eines sozialen Engagements von Frauen aus christlich-missionarischer Perspektive prägt auch Caroline. Seit 1840 arbeitet sie im Hamburger Allgemeinen Krankenhaus. Die Position hat sie auf Empfehlung Amalie Sievekings erhalten. Auch wenn sie sich weder fachlich noch persönlich vollständig für die Aufgabe gerüstet sieht, nimmt sie die Position an, sieht sie doch darin eine Erfüllung des Willens Gottes.

Offensichtlich arbeitet sie so erfolgreich, dass sie Fliedner von Amalie Sieveking als Vorsteherin für Berlin empfohlen wird. Am 20. Februar 1843 – also zehn Monate nach Friederikes Tod – besucht Theodor Fliedner Caroline Bertheau und schaut sich ihre Arbeit im Krankenhaus an. Nur zwei Tage später fragt er sie, ob sie seine Frau werden wolle oder aber bereit sei, nach Berlin als Vorsteherin zu gehen. Caroline überlegt nur wenige Tage und gibt Theodor Fliedner, den sie praktisch nur aus Berichten kennt, am 27. Februar das Ja-Wort. Nicht allein die religiöse Sozialisation – hier die aus dem Hamburger Luthertum kommende Caroline, dort die im reformierten Glauben erzogene Friederike – unterscheidet die beiden Frauen. Auch wenn beide vor der Heirat berufstätig gewesen sind, lassen doch allein schon

Qualifikation und Berufsprofil Unterschiede erkennen. Friederike steht beim Heiratsantrag in einer schwierigen Situation; sie wird quasi von Fliedner in die Ehe gerettet. Caroline dagegen hat sich beruflich erfolgreich etabliert, sie verfügt zudem über ausgezeichnete Verbindungen ins Hamburger kirchliche Establishment.

Theodor Fliedners Werben ist aus seiner Sicht ausgesprochen rational. Caroline besitzt Kompetenzen in den beiden Kernbereichen der Anstalt, in der Krankenpflege und in der Erziehungsarbeit. Zudem hat sie sich als Führungskraft bewiesen. Die Empfehlung von Amalie Sieveking scheint außerdem Gewähr zu bieten, dass Caroline zu dem religiösen Gepräge der Anstalt passte. Nach der Trauung am 29. Mai 1843 durch das Haupt der Hamburger Erweckungsbewegung, Pastor Johann Wilhelm Rautenberg, folgt sie Fliender nach Kaiserswerth.

So wird die Ehe auch zunächst äußerlich betrachtet ein Erfolg. Caroline Fliedner wird den drei Kindern Theodor Fliedners aus erster Ehe offenbar eine gute Mutter und das Ehepaar bekommt zwischen 1844 und 1854 noch einmal acht Kinder; eines davon, Gustav, stirbt bei der Geburt 1847. Gleichzeitig wird Caroline ein wichtiger Garant für die Entwicklung der Anstalt im Sinne des Anstaltsgründers und der von beiden Eheleuten gemeinsam entwickelten Grundvorstellungen. Die wachsende Anstalt und die größer werdende Zahl von Diakonissen und Einsatzgebieten im In- und Ausland erfordern ein Mehr an Organisationsaufwand und an normierenden Ordnungsideen. Da Theodor Fliedner aber seinen Aktionsradius immer mehr erweitert, wird zugleich die Rolle der Vorsteherin als eine stabilisierende Kraft, die über entsprechende Autorität verfügt, immer wesentlicher. Dennoch erweist sich die Ehe für Caroline zunächst als sehr schwierig, denn sie kann mit dem geschäftsmäßigen Umgang Fliedners, der sich ganz auf die Entwicklung der Anstalt konzentriert, nur wenig anfangen, da sie doch andere Vorstellungen von einer Paarbeziehung hat. Ganz der lutherischen Ehevorstellung verhaftet, entwickelt sie, korrespondierend zu einer sehr individualistischen Frömmigkeit, eine tiefe Liebe zu ihrem Mann, verbunden mit dem Wunsch einer innigen Zweierbeziehung. Erst als sich Caroline mit der Rastlosigkeit und der nach außen drängenden Ideenkraft Theodor Fliedners arrangieren kann, kommt es auch zu einer glücklichen Ehe.

Expansion der Arbeit

DEUTSCHES HOSPITAL IN JERUSALEM.

Mit der erneuten Heirat 1843 und der endgültigen Verabschiedung der Satzung 1846 waren die Weichen für eine weitere Entwicklung der Einrichtung gestellt. Die verbleibenden 21 Jahre bis zum Tod Theodor Fliedners am 4. Oktober 1864 lassen sich nur schwer auf einen einheitlichen Begriff bringen. Expansion trifft es vielleicht, schon die bloßen Zahlen sind beeindruckend: Bei Fliedners Tod gibt es allein in Kaiserswerth über 500 Diakonissen. Aber auch Stabilisierung oder gar Konsolidierung treffen die Entwicklung gut – denn es geht nach der Gründungsphase und der ersten auch inhaltlich geprägten Aufbauzeit besonders darum, die Diakonissenanstalt in ihrem Grundbestand sicher zu machen. Dazu waren aber keine grundsätzlich neuen Ideen gefragt – das Modell war tragfähig – sondern vielmehr die Liebe zum Detail, das Feilen an Satzungen und Texten, an Ideen und Gebäuden. All dies bestimmte diese 21 Jahre.

Doch es gibt noch einige wesentliche Daten und eine Neuakzentuierung der Arbeit, die genannt werden müssen: Fliedners Aufgabe des Gemeindepfarramtes, die Aufnahme der Arbeit in Übersee und die Gründung der Kaiserswerther Generalkonferenz 1861.

Ein Einschnitt ist im Jahr 1849 zu sehen, ein Jahr nach der Märzrevolution. In diesem Jahr scheidet Theodor Fliedner nach 27 Amtsjahren aus seiner ersten und einzigen Gemeindepfarrstelle in Kaiserswerth aus und wird hauptamtlicher „Inspektor" der Diakonissenanstalt. Dies geschieht natürlich freiwillig und geplant.

Nach den schwierigen Anfangsjahren hatte die Gemeinde sich mit der wachsenden Größe der Anstalt stabilisiert; sie kam schon länger gut zurecht. Auch wenn noch immer die Abhängigkeit von Spenden groß war, hatte sich die Diakonissenanstalt ökonomisch zu einem recht erfolgreichen Unternehmen entwickelt. Damit waren aber auch die Anforderungen an den Sekretär des Diakonissenvereins Theodor Fliedner so gestiegen, dass eine Entscheidung anstand. Diese fällt für Theodor Fliedner 1847, als er beim preußischen König beantragt, die Diakonissenanstalt zu einer eigenen Gemeinde zu machen. Erst ein Jahr später 1848 gewährt der König die Parochialrechte für die Anstalt. Damit war sichergestellt, dass die geistliche Prägung der Schwesternschaft auch innerhalb der Kirche passieren konnte. Ganz Fliedners Naturell entsprechend, hatte er auch diesen Schritt strategisch vorbereitet. Er zog aus dem Pfarramt in ein schon zuvor gekauftes angrenzendes

Gebäude (den sog. Fliednerhof) und konzentrierte sich ganz auf die Entwicklung der Anstalt. Mit der Gemeinde hatte er schon zuvor einvernehmlich einige Grundstücksangelegenheiten geklärt und eine gute und konstruktive Nachbarschaft vereinbart. Damit ist für ihn einerseits ein wichtiger Schritt heraus aus der verfassten Kirche getan, ganz im Sinne der Vereinsgründung von 1836. Andererseits hat Fliedner immer großen Wert auf die kirchliche Bindung gelegt, ein äußerliches Zeichen dafür ist sicher die frühe Einrichtung eines eigenen Betsaals im Stammhaus. Dieses *Diakonissenkirchlein*, wie Fliedner es nennt, wird bereits 1843 eingeweiht. Und 1855 wird diese Kirche, auch auf Vorschlag des preußischen Königs, erweitert und umgebaut durch den Einbau von drei Glocken – die Kirche soll äußerlich sichtbar sein. In der Diakonissenkirche finden die Einsegnungen der Diakonissen ebenso statt, wie die vielen Feste und Versammlungen und die normalen Gottesdienste, die für die Diakonissen und Patienten angeboten werden. Der kirchliche Charakter des Werkes ist für Theodor Fliedner immer selbstverständlich.

Den gewonnenen Freiraum und die Freiheit von den Verpflichtungen des Gemeindepfarramtes nutzt Theodor Fliedner besonders, um seine schon immer intensive Reisetätigkeit im Sinne der Diakonissenanstalt fortzusetzen. Im April 1846 bringt er vier Diakonissen in das German Hospital Dalston (London). Der preußische Gesandte in London, Christian Graf Josias von Bunsen, war hier die treibende Kraft; er war von Kaiserswerth außerordentlich begeistert („Es ist eine herrliche Anstalt, viel umfangreicher und bedeutender als ich gedacht.") und sah in den Diakonissen ein Beispiel dafür, wie sich eine von der Gemeinde her aufgebaute Kirche den diakonischen Fragen der Zeit öffnen konnte. Seinem Drängen gibt Fliedner schließlich nach, auch wenn die Londoner Station nicht sehr erfolgreich war. 1857 muss sie wieder aufgegeben werden, auch da es nicht gelungen war, die Diakonissen auf die Kaiserswerther Haus- und Kleiderordnung zu verpflichten. Die Vorsteherin weigerte sich, den Anordnungen aus Kaiserswerth Folge zu leisten. Zunächst wurden die Diakonissen offenbar mit Verwunderung und Faszination in London betrachtet. Bunsen berichtete: „Groß ist die Verwunderung der Engländer. Alle wollen ‚the Protestant Sisters' sehen und den Wundermann dazu."

Fliedner kannte England gut, dorthin war er schon häufiger gereist. Seine letzte Englandfahrt fand sogar erst 1853 statt. Von dort kamen viele Gäste und Spender – die berühmteste ist sicher die Engländerin Florence Nightingale, die auf eigenen Wunsch hin die Diakonissenanstalt besucht und dort wichtige Anregungen für die eigene Arbeit gewonnen hatte.

War also London noch bekanntes Terrain, so ändert sich dies mit der Entsendung von vier Diakonissen nach Pittsburgh 1849. Wieder ist es eine dringende Anfrage, die am Beginn der Arbeit steht – ein schon bekanntes Muster, da regiert nicht die Strategie, sondern die Not und die Hartnäckigkeit. Diesmal ist es der Lutheraner William Alfred Passavant, der schon 1846 bei Fliedner vorgesprochen und Diakonissen für Nordamerika erbeten hatte. Fliedner sieht nun darin eine Möglichkeit, die Diakonissenbewegung auch nach Amerika zu exportieren. Erst im Frühjahr 1849 kommt es dann zur Reise. Zu diesem Zeitpunkt hatte Pastor Passavant bereits ein Hospital gegründet; die Hoffnung auf Diakonissen bestand aber fort. Nach langer und beschwerlicher Reise kam Fliedner in Pittsburgh im Juli 1849 an und das Krankenhaus konnte in seiner Anwesenheit eröffnet werden. Die Diakonissen nehmen ihre Arbeit auf. Fliedner nutzt die Reise, um wiederum intensiv Land und Leute, kirchliche und politische Verhältnisse kennen zu lernen. Auch wenn das Arbeitsfeld der Gefangenenfürsorge nur noch wenig im Fokus der konkreten Arbeit steht, studiert Fliedner eine Reihe von Gefängnissen und Kolonien. Beeindruckt ist er auch von der religiösen Vielfalt, die er erleben kann. Immer wieder predigt und kollektiert er. Wie schon in der Jugend- und Studienzeit hat Fliedner aber auch einen Blick für das Land. In seinem Reisebericht bemüht er sich immer um präzise Beschreibungen der sozialen Verhältnisse. Es sind zwar keine so ausführlichen Sozialreportagen, wie wir sie etwa von Johann Hinrich Wichern kennen, es sind aber öffentlichkeitswirksame und genaue Beschreibungen, die Fliedner als einen weltoffenen Beobachter präsentieren. Er gibt auch immer wieder beeindruckende Landschaftsbeschreibungen, etwa von seinem Besuch beim Niagara-Wasserfall am 30. August 1849: *staunend, bewundernd, Gott lobend* hat er an dem Naturschauspiel gestanden.

Weltoffenheit und ein Stück Abenteuerlust gehören auch zu einem weiteren Arbeitsfeld Fliedners: dem Aufbau der Diakonissenarbeit in Jerusalem. Die Kaiserswerther

Orientarbeit beginnt klein und steht auch zunächst nicht im Zentrum von Fliedners Interesse; sie wird aber dann zu einem zentralen Identifikationsmuster der Kaiserswerther Diakonissenarbeit. Theodor Fliedner, der über gute Verbindungen nach London verfügte, weiß um die Planungen für das Bistum Jerusalem und dessen ersten Bischof Samuel Gobat. Dieser hatte ihn 1846 in London um Hilfe gebeten, die Fliedner grundsätzlich zugesagt hatte. Für ihn war es eine Ehre und eine theologische Aufgabe, Diakonissen zu senden: *Denn wer hätte nicht gern dorthin Hülfe gebracht, wo die Füße unsers angebeteten Heilands einst auf Erden den Kranken Hülfe und Heilung brachten, wo seine segnenden Hände den Sterbenden, ja den Todten neues Leben schenkten?* Große Hilfe und Unterstützung kommt vom preußischen König, der auch das Jerusalemer Bistum mitgegründet hatte. Die Hohenzollern fühlen sich übrigens auch später den Arbeitsfeldern in Jerusalem in besonderem Maße verbunden. Fliedner reist am 17. März mit *2 Pflege-Diakonissen und 2 Lehr-Diakonissen* über Berlin, Breslau und Wien nach Jerusalem, wo man Mitte April, pünktlich zu Ostern, ankommt. Natürlich läuft der Aufbau in Jerusalem nicht reibungslos – es fehlt an Geld und Material, manchmal auch an Unterstützung. In den ersten Wochen hilft Theodor Fliedner noch die Weichen vor Ort zu stellen, nach seiner Abreise sind die Diakonissen auf sich selbst gestellt und auf die Unterstützung, die gerade von politischer Seite immer wieder geleistet wird, sei es direkt durch den preußischen Gesandten, sei es durch den preußischen König, der gerade am Anfang häufig finanzielle Hilfe gewährte, angewiesen. Fliedner organisiert aber seinem Grundprinzip entsprechend die Arbeit so, dass das Jerusalemer Diakonissenhaus eine ausländische Tochteranstalt Kaiserswerths wird; unabhängig von den anderen Einrichtungen, die in Jerusalem bestehen, wie etwa dem Bistum. Die Arbeit in Jerusalem entwickelt sich zu Fliedners

Freude sehr schnell. Besonders seit 1853 unter der Leitung der Vorsteherin Charlotte Pilz wird das Diakonissenhaus in Jerusalem zu einem Zentrum der protestantischen Präsenz im Heiligen Land. Schwester Charlotte stirbt 1903 in Jerusalem und ist auch dort begraben.

Fliedner selbst hat bei seinem ersten Aufenthalt aber nicht nur organisiert, kollektiert und gepredigt, er hat sich auch in seinem vierwöchigen Aufenthalt die Zeit genommen, die biblischen Stätten im Heiligen Land zu besuchen. Darüber berichtet er in den nächsten Jahren oft und gerne im „Armen- und Krankenfreund".

Er sieht sehr klar die schwierige Rolle, die die Diakonissen in Jerusalem haben. Ihre Aufgabe liegt in der Krankenpflege und der Erziehungsarbeit – beides wird von ihnen erfolgreich realisiert – und zugleich sind sie Repräsentantinnen des Protestantismus innerhalb eines religiös und konfessionell vielgestaltigen und bedeutungsvollen Gebietes. So wird der missionarische Charakter der Arbeit nicht in den Vordergrund gestellt, er wird aber entschieden deutlicher als in Deutschland. Für Fliedner sind die Diakonissen Boten der Rechtfertigungslehre. So sagt er bei der Eröffnung des Diakonissenhauses in Jerusalem über die Arbeit der Diakonissen: *Diese Dienste wollen sie aber tun, nicht um sich etwa einen Teil ihrer Sünden abzuverdienen, sondern sie haben evangelische Heilserkenntnis genug, um zu wissen, daß sie nur aus Gnaden können selig werden, allein durch das Verdienst Jesu Christ.* Seine Einschätzung gegenüber dem Islam ist dabei insofern interessant, als dass er einerseits die Überlegenheit des Christentums immer wieder herausstellt, aber zugleich einen *Respekt vor der Religion der Protestanten* bei den *Muhamedanern* feststellt, da *diese wegen ihres einfachen Gottesdienstes, ihres Fernseins von abgöttlichen Bildern und Heiligendienst etc. viel mehr Verwandtschaft mit dem Islam hat, als die andern christlichen Konfessionen.* Die Argumentation Fliedners zielt allerdings nicht auf ein Religionsgespräch, sondern eher auf eine Aufwertung der Rolle des Protestantismus für eine Stärkung des Christentums im Heiligen Land.

Fliedner weilt nur einmal in Jerusalem, auch wenn er gerade diese Außenstation besonders schätzte. Während in den Jahren nach seiner Rückkehr noch Stationen in Istanbul und Smyrna entstehen, besteht bei Fliedner weiter der Wunsch, noch einmal nach Jerusalem zu fahren und den Aufbau der dortigen Station zu unterstützen. Arbeit vor Ort und seine schwache Gesundheit, die ihn praktisch sein gesamtes Berufsleben lang begleitete, verhindern dies zunächst. Zur Linderung seines Lungenleidens, welches sich während der kurzen Kuraufenthalte in Ems oder Badenweiler nicht bessert, raten ihm die Ärzte aber zu einem längeren Kuraufenthalt in Kairo; die trockene Luft soll Linderung bringen. Seine zweite Orientreise hatte einen anderen Charakter als die erste – sie führte ihn auch nicht mehr, obwohl es wohl geplant war, zurück nach Jerusalem, der *heil. Stadt, schön und ehrwürdig auch noch in ihren Ruinen.* Die Reise ist wiederum reichhaltig – an Erfahrungen und Eindrücken und an Ergebnissen für die Ausbreitung der Idee – nur den Erfolg, den sie bringen soll, hat sie nicht. Fliedners Sohn Georg schreibt später: „Als ein noch rüstiger Mann hatte er es (Kaiserswerth) verlassen, mit gebrochener Kraft kehrte er zurück." In Alexandrien hat Fliedner bei der Gründung einer Diakonissenstation geholfen, von Kairo aus hat er die ägyptischen Altertümer besucht und einiges für das kleine Kaiserswerther Museum erstanden (u. a. eine Mumie) und auf der Rückfahrt hat er längere Zeit in Jaffa Station gemacht und sich mit Charlotte Pilz getroffen, um über den Fortgang der Arbeit in Jerusalem zu sprechen. Nach dieser Reise muss er sich mehr und mehr entscheiden, wofür er seine verbleibenden Kräfte einsetzen will und soll. Die identitätsstiftende Orientarbeit weiß er dabei offenbar auf einem erfolgreichen Pfad. Tatsächlich übersteht dieses Arbeitsfeld alle politischen und finanziellen Krisen und wird erst 1975 vom Diakoniewerk Kaiserswerth (wie die Kaiserswerther Diakonissenanstalt hieß) abgegeben.

Die Reisen und die Expansion sind möglich gewesen, da sich in Kaiserswerth selbst die Anstalt erfolgreich entwickeln konnte und weil er in seiner Frau Caroline eine erfolgreiche Vorsteherin und Verwalterin an seiner Seite wusste. Der umfangreiche erhaltene Briefwechsel zeigt, wie sehr beide als ein gut eingespieltes Team zusammenarbeiten konnten. Fliedner war über alle wichtigen Ereignisse informiert, manches konnte er brieflich aus der Ferne entscheiden, viele Entscheidungen seiner Frau sanktionierte er nachträglich.

Dabei erwächst die Autorität Caroline Fliedners, der „Mutter", wie sie nach kurzer Zeit schon genannt wird, nicht nur aus ihrer eigenen Ausstrahlung und ihrer festgelegten Rolle als Vorsteherin der Schwesternschaft und Ehefrau des unumstrittenen Anstaltsgründers und Leiters.

Theodor Fliedner sorgt auch früh dafür, die Rolle seiner Ehefrau satzungsgemäß abzusichern. Denn die häufige Abwesenheit des Vorstehers beziehungsweise Inspektors der Diakonissenanstalt erfordert auch neue Verantwortlichkeiten. So werden die Instruktionen für die Vorsteherin, die noch ganz auf die stärker mütterlich wirkende Friederike zugeschnitten sind, überarbeitet; mit dem Ergebnis einer größeren Einflussmöglichkeit der Vorsteherin. Sichtbarstes Zeichen der Veränderung ist der 1849 erfolgte Beschluss, der Vorsteherin Sitz und Stimme in der sogenannten „Direktion" zu geben. Dort konnte Caroline gerade in Abwesenheit ihres Manns mit der ganzen Autorität des Amtes im Sinne der Anstalt wirken.

Theodor Fliedner und Caroline Fliedner bemühen sich sehr um die innere Entwicklung und die äußere Erscheinung der Diakonissen. Hausordnung und Kleiderordnung sind Instrumente zur Durchsetzung der mit der Gründung der Diakonissenanstalt verfolgten Ziele sowie der Förderung einer gemeinsamen Identität der Diakonissen. Die Idee und die Ausgestaltung der Kleidung geht auf Fliedner zurück, der sich zum einen am Vorbild der Barmherzigen Schwestern orientiert, zum anderen aber auch – mit dem blauen Punktestoff und der Rüschenhaube – am Beispiel der bürgerlichen Kleidung im Rheinland. Für die Durchsetzung der Einheitlichkeit ist dann Caroline zuständig, die als verheiratete Frau ebenfalls die Tracht trägt. Die Kleiderordnung, die Fliedner in den nächsten Jahren weiter verfeinerte und auf alle Eventualitäten anpasste – für die Gartenarbeit wurde die Form der Strohhüte festgelegt – machte die Diakonissen in der Öffentlichkeit unverwechselbar und immer kenntlich. Viele Diakonissen trugen die Tracht gerne und stolz. Dies widerspricht auch nicht dem Ziel der Fliedners, eine Tracht *ohne alle Verzierung* zu schaffen, die gegen *Eitelkeit, Nachlässigkeit und Bequemlichkeit* wirken sollte.

Zielt Theodor Fliedner mit der Tracht auch auf eine äußere Sichtbarwerdung der Diakonissen, die sich gleichzeitig damit von der Gesellschaft unterscheiden sollen, führt er in der Expansionsphase noch verschiedene Elemente ein, die auf eine innere Stärkung der Diakonissen als Einzelne und als Gruppe zielen. So veröffentlicht er beispielsweise 1855 „Selbstprüfungs-Fragen für Diakonissen und Probeschwestern". Die Fragen, die die pietistische Tradition der Selbstprüfung wieder aufnehmen, sind das Ergebnis längerer Überlegungen und Diskussionen. Fliedner hatte ja in seiner Studienzeit durch ein Tagebuch auch solche Selbstprüfung geübt.

Vorbild waren ältere Selbstprüfungsfragen für Kleinkinderlehrerinnen, die Fliedner bereits 1842 veröffentlicht hatte. Damit soll nun erreicht werden, dass sich die Diakonissen ganz auf ihre Arbeit konzentrieren und diese in Demut als Gottesdienst tun können. Die 51 Fragen, die sich die Diakonissen selbst regelmäßig vorlegen sollen, verbinden sehr praktische berufsbezogene Fragen mit sehr persönlichen Fragen der eigenen Religiosität. Fliedners Kollege Franz Härter jedoch, der in Straßburg ein Mutterhaus gegründet hatte, findet die Fragen voll „lastender Gesetzlichkeit", die die Frauen nie zufriedenstellend beantworten könnten.

Theodor Fliedner war nicht nur ein intensiver Prediger und kommunikativer Organisator, der über Gespräche und Briefe und kurze Anweisungen die Diakonissenanstalt leitete und steuerte. Immer wieder auch griff er zur Feder und schrieb kurze und längere Beiträge oder Bücher. Während Caroline und Friederike Fliedner durch viele Briefe und Anweisungen nach innen wirkten, bemühte sich der die Öffentlichkeit immer suchende Fliedner um eine reiche Publizistik. Der schnell ausgebildete und ohne erkennbare Schwerpunkte von der Universität gekommene Fliedner hat allerdings keine systematischen theologischen Studien vorgelegt; seine Arbeiten und Veröffentlichungen sind in der Regel aus sehr pragmatischen Erwägungen entstanden.

In seinen beiden Publikationsorganen, dem „Armen- und Krankenfreund" sowie dem „Christlichen Volkskalender" bietet er eine breite Information über die Entwicklung seiner diakonischen Projekte. Hier verbindet Fliedner immer wieder eher grundsätzliche Aussagen mit sehr lebensnahen Beschreibungen. Es lässt sich leicht feststellen, wie Fliedner es verstand, die Menschen – in denen er Spender und Mitchristen sah – in ihrer eigenen Lebenswelt abzuholen.

Neben seinen vielen Beiträgen in den Kaiserswerther Publikationsorganen fallen als ausführlichere Veröffentlichungen die „Collectenreise" sowie seine „Orientreise" als zwei Schriften auf, die eher den Charakter einer Reportage haben. Der so fleißige und arbeitsame Fliedner kann aber nicht alle seine Projekte realisieren. Dies gilt besonders für seine Bücher: Von der „Collectenreise" erschien nur ein Band, ein geplantes Volks-Lexikon kommt nicht über den Status der Planung hinaus. Ob dies nur die permanente persönliche Überarbeitung war, oder aber eine Schreibhemmung, es ist schwer zu entscheiden. Gegen ersteres spricht, dass Fliedner einige andere Projekte effizient begleiten konnte und für ein Schreibproblem gibt es keinerlei Anhaltspunkte. Die mögliche Erklärung liegt also sicher auch darin, dass dieser so strategisch vorgehende Fliedner immer wieder auch vor den Aufgaben, die an ihn herangetragen wurden und die er meinte übernehmen zu müssen, und der Not, die er immer als eine eigene Herausforderung ansah, kapitulieren musste. Das Prinzip der Diakonissen, überall zu helfen und praktisch nicht nein sagen zu können, gilt auch ein Stück weit für Theodor Fliedner.

Zwei Veröffentlichungen ragen aber sicher auch bei ihm heraus. Sein „Märtyrerbuch" in vier Bänden, erschienen zwischen 1856 und 1859, gilt, auch wenn sehr viele Beiträge nicht von ihm stammen, nach seinem Sohn Heinrich als „bedeutendste und umfangreichste schriftstellerische Leistung". Es weist stark antikatholische Momente auf und die vorgestellten Glaubenszeugen sollen den Lesern als Vorbilder für das eigene Leben dargestellt werden. Damit nimmt dieses Buch auch eine Funktion bei der Erziehung der Diakonissen in Kaiserswerth ein.

Theologisch zentral ist schließlich Fliedners 1856 auf Bitten des preußischen Königs Friedrich Wilhelm IV. verfasstes und veröffentliches Gutachten die „Diakonie und den Diakonat betreffend". Hinter diesem sperrigen Titel verbirgt sich wohl Fliedners grundlegende theologische Arbeit, in der er für seine Idee der Diakonissenanstalt wirbt und sich noch einmal für ein diakonisches Amt in der Kirche stark macht.

In diese Zeit fällt dann auch endlich die Eröffnung der „Heilanstalt für weibliche Gemüthskranke." Fliedner hatte schon länger vor, eine solche Einrichtung zu gründen, schon weil ihm immer deutlicher wurde, dass es eine Gruppe von Menschen gab, die ein anderes Krankheitsbild zeigten und besonderer Pflege bedurften. Doch erst als er vom Preußischen König nach längeren Verhandlungen die leerstehende Kaserne in der Kaiserswerther Innenstadt geschenkt erhielt, konnte er an die Verwirklichung des Planes gehen. Durch einen Aktienverkauf erhielt er genügend Mittel, um 1852 diese *Lücke in der christlichen Krankenpflege auszufüllen.*

Zu diesem Zeitpunkt hat Fliedner noch etwas anderes auf den Weg gebracht: ein öffentliches, sichtbares Zeichen der Diakonissenanstalt, *eine große blaue Fahne und mitten drin eine weiße fliegende Taube mit einem grünen Ölzweig im Schnabel.* Erstmals 1850 ist die Fahne zu sehen und Fliedner benutzt die Gelegenheit dazu, das Amt der Diakonissin theologisch zu begründen, nach der Geschichte der Arche Noah (1. Mose 8,8–11): *Die Diakonissin soll eine Taube Christi sein, eine mit dem heiligen Geist gesalbte Friedensbotin des Herrn an die Menschen in der Not, wie dort die Taube in der Sündflut an Noah.*

Krankheit,
Ordnung des Erbes und Tod

Schon seit Fliedners Aufenthalt in Ägypten 1856/1857 ist sein körperlicher Zustand so schlecht, dass die Ärzte immer mit seinem baldigen Ableben rechnen. Martin Gerhardt spricht für das letzte Lebensjahrzehnt daher des Öfteren von einem „todtkranken Mann".

Fliedner stellt das Reisen praktisch ein und hält sich entweder in Kaiserswerth oder aber – sehr gerne – im Schwesternerholungshaus „Salem" in Ratingen auf. Dieses, in malerischer Waldlage gelegen, war 1853 in Ratingen gekauft worden; nah genug an Kaiserswerth, um die Dinge weiter beobachten zu können. Fliedners Lungenkrankheit wird in diesen Jahren immer schwerer, gerade öffentliche Auftritte und das Sprechen vor größeren Menschenmengen sind kaum mehr möglich. Eine eher ungewöhnliche Therapie bringt kurzfristig Linderung. Fliedner zieht auf Rat der Ärzte in den Kuhstall der Diakonissenanstalt, dort übernachtet und arbeitet er im Winter – natürlich in eigens dafür hergerichteten Räumen. Die feuchtwarme Luft hilft ihm und seiner Lunge.

Doch klar ist, Fliedner muss sich konzentrieren. So löst er sich von verschiedenen Arbeitsfeldern. Dazu gehört etwa seine Mitarbeit in der 1844 von ihm gegründeten Pastoralgehülfenanstalt Duisburg. Sein Ausflug in die männliche Diakonie hat eine Zeit lang viel Arbeit gekostet, gerade in der Zeit, als er als Gemeindepfarrer auch noch die innere Ordnung der Diakonissenanstalt weiterentwickeln musste. So hatte sich aber schon früh herausgestellt, dass Fliedner zwei Anstalten nur schwer parallel führen konnte. Auch begab er sich mit der Duisburger Gründung in direkte Konkurrenz zu seinem Zeitgenossen Johann Hinrich Wichern. Sein Rückzug aus Duisburg galt aber in erster Linie seinem Ziel, die Mutterhausdiakonie, zu der ja schon einige nach Kaiserswerther Modell gegründete Häuser gehörten, im allgemeinen und die Kaiserswerther Diakonissenanstalt im besonderen für die Zukunft sicher zu machen.

So wurde die „Diakonenanstalt Duisburg", nach dem Rauhen Haus in Hamburg die zweite Anstalt für männliche Diakonie, früh selbstständig. In der Anstalt wurden junge Männer („Brüder" bzw. Diakone) ausgebildet, um in der Erziehungs- und Sozialarbeit tätig zu werden. Übrigens haben sich Johann Hinrich Wichern (1808–1881) und Theodor Fliedner in diesem Kontext nie getroffen. Die wenigen Begegnungen, etwa 1848 in Schlesien, bleiben ohne tiefere Bedeutung für beide; man respektierte sich, aber kooperierte nicht miteinander.

Neben seinem Interesse an der Sicherung der Orientarbeit, an der ihm besonders viel lag und der Sicherung der inneren Struktur der Diakonissenanstalt durch eine strenge geistliche und professionelle Prägung, wie sie in den Hausordnungen niedergelegt ist, richtete er sein Interesse stark auf eine Vernetzung der Mutterhäuser. Damit zusammenhängend will Fliedner einheitliche Standards für die weitere Entwicklung festlegen, die verhindern sollen, dass sich das von ihm entwickelte patriarchale Mutterhausmodell zu stark verändern könnte.

Dazu beruft Theodor Fliedner im Oktober 1861 die erste „Kaiserswerther Generalkonferenz" nach Kaiserswerth ein. Zu diesem Zeitpunkt bestanden bereits 27 Diakonissenmutterhäuser, die sich dem Fliednerschen Gründungsimpuls verbunden fühlten. Häufig hatte Theodor Fliedner auch die Gründung der Häuser mit Rat und Hilfe begleitet. An dieser Konferenz nahmen Vertreterinnen und Vertreter von zwölf bestehenden Mutterhäusern teil. Diese erste Generalkonferenz sollte so zu seinem Testament für die Mutterhausdiakonie werden.

In einer Ansprache zur Eröffnung der Generalkonferenz am 9. Oktober 1861 formuliert Fliedner, der selbst trotz körperlicher Schwäche sprechen konnte, Thema und Ziel der Konferenz: *Das wichtige Diakonissenamt der apostolischen Kirche soll der Gegenstand unserer Konferenz sein.* Und *wir wollen es gern dem Muster der apostolischen Kirche möglichst nahe bringen.* Mit dieser Zielsetzung will Fliedner für die Frauendiakonie ein hohes Maß der kirchlich-theologischen Legitimation erreichen.

Da Fliedner zu diesem Zeitpunkt natürlich um die Unterschiede zwischen den konfessionell gebundenen Mutterhäusern weiß, betont er die Selbstständigkeit der einzelnen Häuser, die sich allerdings, so seine unmissverständliche Forderung, zugleich *in die Kirche einordnen sollten.*

Die Etablierung regelmäßiger Tagungen der Mutterhäuser als „Kaiserswerther Generalkonferenz" wird im „Armen- und Krankenfreund" als ein zentrales Ereignis betrachtet. Man sieht darin „Abschluß und Krönung seines ganzen reichen Lebenswerkes". Tatsächlich kann dies als ein wichtiger Schritt zur Institutionalisierung und erweiterten Organisierung der Mutterhausdiakonie angesehen werden. Denn auf den seitdem alle drei Jahre stattfindenden Konferenzen konnten allgemein interessierende Fragen besprochen und geklärt und eine gemeinsame Sprache gegenüber der Öffentlichkeit gefunden werden. Man sah in den Beschlüssen die „erste authentische Feststellung der leitenden Grundanschauungen". Diese hatten dabei einen einerseits pragmatischen Zug, zumal die Unterschiede und Widerstände gerade aus dem Luthertum auszugleichen waren. Andererseits hat man, ganz im Sinne des Formgebers Theodor Fliedner, damit eine Gestalt gefunden, die auch den Mutterhäusern als Institutionen nach innen und außen, eine feste Gestalt zu geben vermochten. Erst 1916 wird dann der „Kaiserswerther Verband deutscher Diakonissen-Mutterhäuser" gegründet.

Es war der letzte größere öffentliche Auftritt Theodor Fliedners. Die drei Jahre später einberufene Generalkonferenz wurde wegen Theodor Fliedners Tod kurzfristig abgesagt. Der Tod, der nach einer langen Krankenphase kam, stellt einen tiefen Einschnitt in der Geschichte der Anstalt dar. Fliedner verstarb nicht plötzlich, vielmehr bot gerade die längere Krankheit die Möglichkeit, die Nachfolge zu regeln.

Fliedners Krankheit, der Tod und die Beerdigung waren öffentliche Ereignisse, breit in die Schwesternschaft und die Öffentlichkeit hinein kommuniziert. Durch die Berichte vom Sterbebett, wie Fliedner gerade seine Frau Caroline in die Pflicht nimmt, die Anstalt in seinem Sinne weiterzuführen, erhält die Vorsteherin die notwendige Autorität, das Amt weiter auszuüben. So dienen die Berichte über Fliedners Ableben, die durchaus an die Lebensberichte in dem Märtyrerbuch erinnern, auch dezidiert dem Ziel, die Zukunft der Diakonissenanstalt zu sichern.

Fazit

Mit dem Tod Theodor Fliedners ging eine Epoche zu Ende – und doch waren gerade die Weichen in Kaiserswerth auf Kontinuität gestellt. Das als Familienmodell gegründete Diakonissenmutterhaus sollte noch bis zu Beginn des 20. Jahrhunderts unter maßgeblicher Leitung und Führung von Familienmitgliedern stehen. Insbesondere Caroline Fliedner sorgte für einen Übergang ganz im vermuteten Willen des Gründers und Ehemannes. Bis 1883, also noch 19 Jahre, blieb sie Vorsteherin und damit Hüterin des Erbes; geliebt und geachtet – aber auch von Nachgeborenen gerne kritisiert als konservative und beharrende, jeder Veränderung aus dem Weg gehende Diakonissenmutter. Tatsächlich weigerte sich das Kaiserswerther Mutterhaus lange, sich den Veränderungsprozessen durch die bürgerliche Frauenbewegung oder durch die sich verändernde sozialpolitische Landschaft zu öffnen. Die Gründung des Evangelischen Diakonievereins durch Pfarrer Friedrich Zimmer 1894 lässt sich auch mit der Kaiserswerther Reformverweigerung erklären. Doch dies ist eine andere Geschichte. Länger noch als Caroline blieb Fliedners Nachfolger, sein Schwiegersohn Julius Disselhoff im Amt; bis zu seinem Tod 1896. Zu diesem Zeitpunkt war schon die Tochter von Theodor und Friederike Fliedner, Mina Fliedner Vorsteherin. Sie amtierte von 1883 bis 1900. Doch ab 1896 geht dann der Abschied von der familiären Führung der Diakonissenanstalt vergleichsweise schnell. Zu diesem Zeitpunkt war die „Mutter", wie sie ehrfurchtsvoll genannt wurde, schon vier Jahre tot; verstorben am 15. April 1892 in Monsheim bei ihrem Sohn Carl und beerdigt an der Seite ihres Mannes auf dem Kaiserswerther Diakonissenfriedhof. Georg Fliedner, der als sogenannter zweiter Pfarrer in der Leitung war, blieb noch bis 1903 in der Direktion tätig.

Geschaffen worden war eine hochangesehene und gleichzeitig stark kritisierte, global agierende und durchaus ökonomisch erfolgreiche Einrichtung. Auch wenn es bei der Gründung zunächst nicht gewollt und geplant war, eine Anstalt der „christlichen Liebestätigkeit", wie es gerne hieß, zu gründen, hatten die Fliedners gerade damit eine große Lebensleistung vollbracht. Deodat Disselhoff, der Enkel, der bis 1939 als letztes Familienmitglied in der Kaiserswerther Leitung war, hat schon 1912 dezidiert und verteidigend festgestellt: „Fliedner ist kein Anstalts-Fanatiker" gewesen. Er habe immer nur auf Not reagiert. Damit ist genau und sehr knapp eine entscheidende Charakteristik der Mutterhausdiakonie ausgesprochen. Die Gemeinschaften der Diakonissen, die sich als Lebens- und Dienstgemeinschaften verstanden, sind immer auf die Verbindung religiösen, gemeinschaftlichen Lebens und diakonischer Tatgemeinschaft hin ausgerichtet.

Eine besondere Leistung der Fliedners war es sicher, die Diakonissenanstalt unabhängig von der Kirche zu gründen und sie gleichzeitig doch immer wieder auf die Kirche hin zu konzentrieren. Gerade Theodor Fliedner verfolgte engagiert und in keiner Weise *schlaff* oder *träge*, wie er sich selbst als junger Mann sah, die Entwicklung der Kirche und der ihr nahestehenden Anstalten und Vereine. Wie sehr er in dieser Aufbruchsbewegung eine Hoffnung für die Kirche sah, macht ein längeres Schreiben an den preußischen König deutlich: *Durch meine vielfache Korrespondenz mit allen*

Superintendenten und vielen andern Geistlichen dieser Provinzen für unsere Anstaltszwecke habe ich mehr Gelegenheit als viele andere zu bemerken, was für ein liebliches Morgenrot in diesen Provinzen nach allen Richtungen hin seine geistlichen Strahlen sendet, wie durch die zunehmende Tätigkeit der Bibel-, Missions- und Traktatvereine, der Männer- und Frauenkrankenvereine, der Kleinkinderschulen, der Gefängnisvereine, der Magdalenestifte, der Kinderrettungsanstalten, Sonntagsvereine, gläubige Prediger- konferenzen usw. ein neues Frühlingsleben in den Gemeinden an vielen Orten durchdringt und von unten herauf die Kirche trefflich regeneriert zum Segen auch der bürgerlichen Gesellschaft.

Dies war die romantische Vorstellung einer christlichen Gesellschaft, die sich nicht in dem Sinne bewahrheitet hat, wie Theodor, Friederike und Caroline Fliedner es sich er- hofft hatten. Aber aus Träumen, die man hat, werden manchmal Realitäten, die weit über das Leben hinaus- reichen.

Lebensdaten

1800	21. Januar: Theodor Fliedner in Eppstein geboren.
1800	25. Januar: Friederike Münster in Braunfels geboren.
1811	26. Januar: Caroline Bertheau in Hamburg geboren.
1820	Theologische Prüfung.
1820–1821	Hauslehrer in Köln bei Familie Mumm.
1822	18. Januar: Fliedners Ankunft in Kaiserswerth.
1823–1824	Fliedners Kollektenreise in die Niederlande und nach England.
1826	Gründung der Rheinisch-Westfälischen Gefängnisgesellschaft.
1828	Trauung der Friederike und des Theodor Fliedner in Oberbiel.
1833	Gründung des Asyls in Kaiserswerth.
1835	Eröffnung der Strickschule im Gartenhaus.
1836	Eröffnung der Kleinkinderschule im Gartenhaus.
1836	30. Mai: Gründung des Rheinisch-Westfälischen Diakonissenvereins.
1836	11. Oktober: Einzug ins Stammhaus Petersen; Eröffnung der Bildungsanstalt für evangelische Pflegerinnen.
1838	Katharine Weintraut nach Rheydt, erste auswärtige Hauspflege.
1842	22. April: Friederike Fliedner gestorben.
1844	Aussendung der ersten Gemeindediakonisse nach Jöllenbeck.
1844	31. Oktober: Eröffnung der Pastoralgehilfeanstalt in Duisburg.
1844	Eröffnung des Seminars für Volksschullehrerinnen.

1846	Fliedner bringt Diakonissen nach London (German Hospital Dalston).
1849	Niederlegung des Gemeindepfarramts.
1849	Reise nach Pittsburgh (USA).
1850/1851	Florence Nightingale zweimal in Kaiserswerth.
1851	Erste Orientreise nach Jerusalem.
1852	Eröffnung der Heilanstalt für weibliche Gemütskranke.
1861	Erste Kaiserswerther Generalkonferenz.
1864	4. Oktober: Theodor Fliedner gestorben.
1892	14. April: Caroline Fliedner in Monsheim gestorben.

Bibliografie
(Auswahl)

Christliche Volkskalender. Ein freundlicher Erzähler und Ratgeber für die liebe Christenheit, Kaiserswerth 1842–1941

Coenen-Marx, Cornelia (Hg.), Ökonomie der Hoffnung. Impulse zum 200. Geburtstag von Theodor und Friederike Fliedner, Düsseldorf 2001

Der Armen- und Krankenfreund. Eine Zeitschrift für die Diakonie der evangelischen Kirche, Kaiserswerth 1849–1939

Felgentreff, Ruth, Das Diakoniewerk Kaiserswerth 1836–1998. Von der Diakonissenanstalt zum Diakoniewerk – ein Überblick, Düsseldorf 1998

Fliedner, Georg, Theodor Fliedner. Sein Leben und Wirken, 3 Bände, Kaiserswerth 1908–1912

Fliedner, Theodor, Collectenreise nach Holland und England nebst einer ausführlichen Darstellung des Kirchen-, Schul-, Armen- und Gefängniswesens beider Länder mit vergleichender Hinweisung auf Deutschland vorzüglich Preussen, Band 1, Essen 1831

Fliedner, Theodor, Buch der Märtyrer und andrer Glaubenszeugen der evangelischen Kirche, von den Aposteln bis auf unsre Zeit, 4 Bände, Kaiserswerth 1849–1859

Fliedner, Theodor, Reise mit 4 Diakonissen in das hl. Land nach Smyrna, Beirut und Constantinopel im Jahre 1851, Kaiserswerth 1858

Friedrich, Martin, Kirche im gesellschaftlichen Umbruch. Das 19. Jahrhundert, Göttingen 2006

Friedrich, Norbert / Jähnichen Traugott, Geschichte der sozialen Ideen im deutschen Protestantismus, in: Helga Grebing (Hrsg.), Geschichte der sozialen Ideen in Deutschland. Sozialismus – Katholische Soziallehre – Protestantische Sozialethik. Ein Handbuch, Bonn ²2000, S. 867–1102

Friedrich, Norbert/Müller, Christine-Ruth/Wolff, Martin (Hg.), Diakonie pragmatisch. Der Kaiserswerther Verband und Theodor Fliedner, Neukirchen-Vluyn 2007

Gause, Ute, Kirchengeschichte und Genderforschung. Eine Einführung in protestantischer Perspektive, Tübingen 2006

Gerhardt, Martin, Theodor Fliedner. Ein Lebensbild, 2 Bände, Kaiserswerth 1933/1937

Irle, Katrin, Leben und Werk Caroline Fliedners geb. Bertheau, der zweiten Vorsteherin der Diakonissen-Anstalt Kaiserswerth, Diss. Phil. Siegen 2002

Kaminsky, Uwe, Innere Mission im Ausland. Der Aufbau religiöser und sozialer Infrastruktur am Beispiel der Kaiserserther Diakonie (1851–1975), Stuttgart 2010

Köser, Silke, Denn eine Diakonisse darf kein Alltagsmensch sein. Kollektive Identitäten Kaiserswerther Diakonissen 1836–1914, Leipzig 2006

Philippi, Paul, Die Vorstufen des modernen Diakonissenamtes 1789–1848, Neukirchen-Vluyn 1966

Sticker, Anna, Die Entstehung der neuzeitlichen Krankenpflege. Deutsche Quellenstücke aus der ersten Hälfte des 19. Jahrhunderts, Stuttgart 1960

Sticker, Anna, Friederike Fliedner und die Anfänge der Frauendiakonie. Ein Quellenbuch, Neukirchen-Vluyn 1961

Bildnachweis

S. 2: Kupferstich von Eduard Rittinghaus, 1865; S. 4: privat; S. 9: Theodor Fliedners Ankunft in Kaiserswerth 1822. Kupferstich, Christlicher Volkskalender 1866, Künstler unbekannt; S. 37: Friedrich Wilhelm IV. und Theodor Fliedner in Potsdam. Kupferstich, Christlicher Volkskalender 1866, Künstler unbekannt; S. 42: Grafik aus dem Mitgliedsschein des Hülfsvereins der Diakonissenanstalt; S. 49: Friederike Fliedner. Zeichnung von Hans Junker um 1954; S. 57: Das Mädchenasyl im Gartenhaus. Zeichnung, um 1933; S. 65: Theodor Fliedner predigt in der Stammhauskirche. Zeichnung 1850 nach einem Stich aus dem Christlichen Volkskalender von 1847; S. 70: Stammhaus; Zeichnung, 1843; S. 76: Theodor Fliedner. Porträt von Otto Mengelberg, um 1857; S. 81: „Hausordnung und Dienstanweisung für die Diakonissen", 1852; S. 90: Porträt Caroline Fliedner. Ölgemälde von Roland Risse, 1864; S. 95: Diakonissenhospital auf dem Berg Zion. Gemälde von C. Werner; S. 97: Diakonissenanstalt, Ansicht von hinten, gezeichnet von J. B. Sonderland um 1850; S. 108: Theodor Fliedner im Kreis der Familie. Fotografie, 1863/64, Fotograf der Firma Severin, Düsseldorf.

© Alle Bilder: Fliedner-Kulturstiftung Kaiserswerth

Zitate

Er war, was in unsern Tagen so wenig zu finden ist, ein Mann voll lauteren Muthes und biederer Festigkeit; durch und durch ein Charakter, der mit voller Klarheit nur Eines wollte und für die Erreichung dieses einen Zieles die Willenskraft eines ganzen Lebens einsetzte, die so mächtig war, weil sie in jenem Glauben und jener Liebe wurzelte und eben deswegen alle Schwierigkeiten zu bewältigen muste; dazu befas und verwerthete er das Talent, die ihm entgegenkommenden Verhältnisse rasch zu gestalten und das Gestaltete mit durchgreifender Hand zu regieren.
Johann Hinrich Wichern

Es ist mir, als hätte ich einen Vater verloren. Er war mein
erster Lehrmeister hier.
Florence Nightingale

Durch ihn wurden der unverheirateten Frau ganz neue Felder
des Liebesdienstes in der Gemeinde eröffnet.
Günter Brakelmann

Mit Fliedner trat der Typus des klassischen Diakoniefunk-
tionärs ins Leben, der dauernd unterwegs war, Kontakte
pflegte, Spenden sammelte und bei den Mächtigen seiner Zeit
antichambrierte. Für seine beiden Frauen, den vielen Kindern
und den Schwestern im Mutterhaus blieb oft wenig Zeit. Vielleicht musste er deshalb ein so gestrenges, exakt fixiertes
Reglement in Kaiserswerth durchsetzen, damit hier während
seiner Abwesenheit nichts anbrannte. Ein Hoch auf die Statt-
halterinnen Friederike und Karoline, ohne die seine Ideen
wohl kaum zum Erfolgsmodell der weiblichen Diakonie
geworden wären.
Jochen-Christoph Kaiser

Theodor Fliedner war kein Rheinländer von Geburt – und er
ist zu seiner Zeit sicher der bekannteste rheinische Pfarrer
gewesen. Der Pfarrer aus Nassau wusste die religiöse Landschaft des Rheinlands zu schätzen, reformierte Frömmigkeit
und lutherische Freiheit und Ordnung prägten ihn. Und er
gab nicht nur unserer Landeskirche mit der Diakonissenbewegung einen Schatz, der Geschichte gemacht hat.
Präses Nikolaus Schneider

Theodor Fliedner ist einer der größten Pioniere der neuzeitlichen Diakonie in Europa. Eine entscheidende Leistung, auf
die unsere Diakonie heute noch aufbaut, ist sein Anstoß zur
Entwicklung einer professionellen Pflege. Ich schätze ihn aber
auch deshalb besonders, weil er uns weiterhin ein Vorbild ist
durch seine fantasievolle und innovative Art, Mittel und
Menschen für seine sozialen Projekte zu sammeln.
*Pfarrer Klaus-Dieter K. Kottnik, Präsident des Diakonischen Werkes
der EKD*